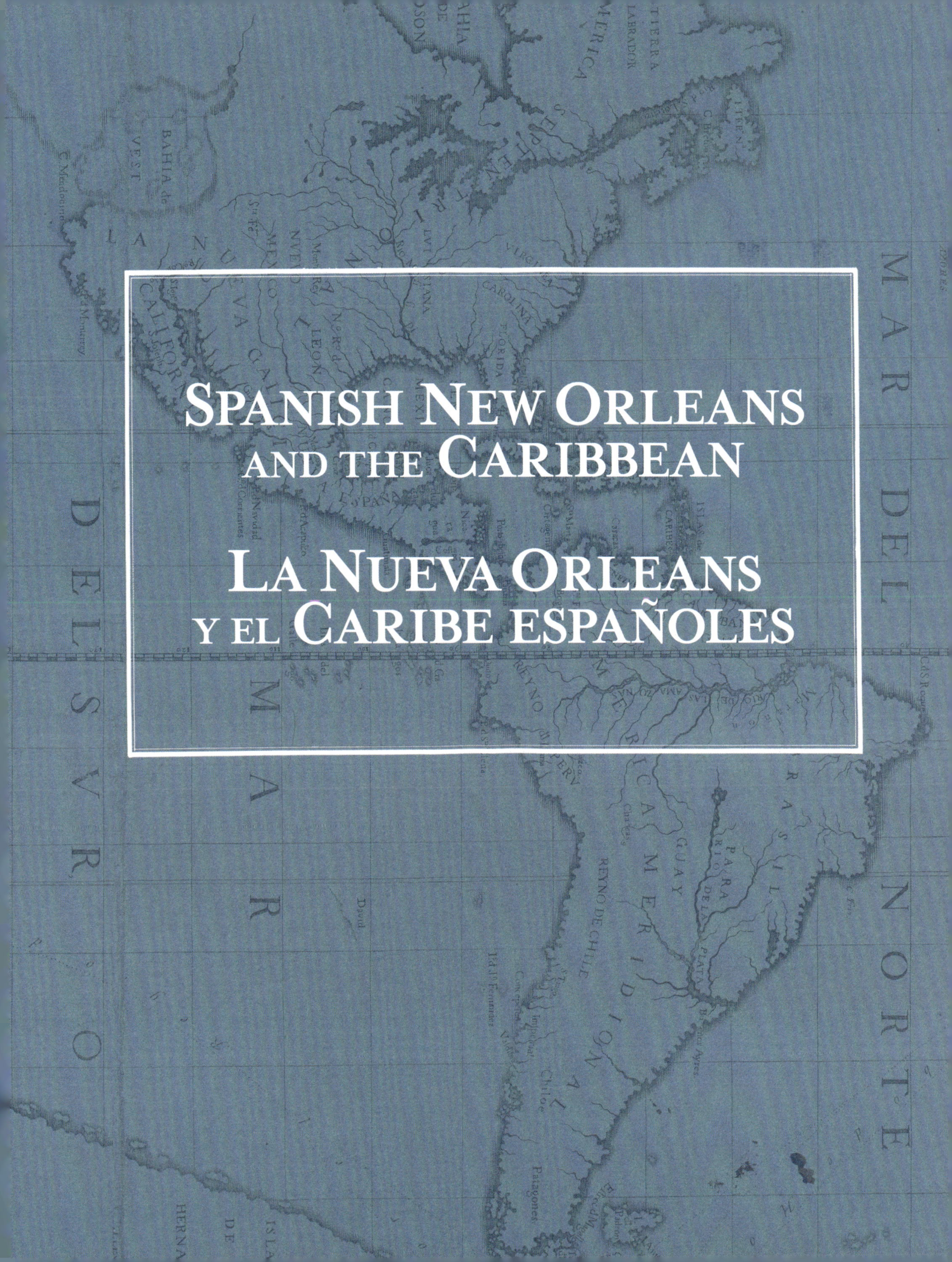

# Spanish New Orleans and the Caribbean

# La Nueva Orleans y el Caribe españoles

**Opposite and cover: Patent of nobility awarded to Bernardo de Gálvez by Carlos III of Spain, in recognition of his victories over England (details)**
1783; ink and watercolor on vellum
*The Historic New Orleans Collection, 74-78-L.1*

---

**Opuesto y portada: Concesión del título de conde otorgado a Bernardo de Gálvez por el rey Carlos III de España, en premio de sus victorias contra Inglaterra (detalles)**
1783; tinta y acuarela sobre vitela
*The Historic New Orleans Collection, 74-78-L.1*

CAROLUS III D.G. HISPANIARREX
P.
DON CARLOS
POR LA GRACIA DE DIOS,

# SPANISH NEW ORLEANS AND THE CARIBBEAN

# LA NUEVA ORLEANS Y EL CARIBE ESPAÑOLES

EDITED BY / EDITADO POR
ALFRED E. LEMMON

*The Historic New Orleans Collection*

WITH THE GENEROUS SUPPORT OF THE / CON EL APOYO GENEROSO DEL

*2022 Bienville Circle*

The Historic New Orleans Collection (THNOC) is dedicated to the stewardship of the history and culture of New Orleans and the Gulf South. THNOC is operated by the Kemper and Leila Williams Foundation, a Louisiana nonprofit corporation.

Published on the occasion of the exhibition *Spanish New Orleans and the Caribbean* at The Historic New Orleans Collection, October 20, 2022–January 22, 2023.


533 Royal Street
New Orleans, Louisiana 70130
www.hnoc.org


Printed in Florence, Italy, by Conti Tipocolor

26 25 24 23 22 1 2 3 4 5
ISBN: 978-0-917860-81-2

Library of Congress Cataloging-in-Publication Data

Names: Campanella, Richard, author. | Lemmon, Alfred E. (Alfred Emmette), 1949- editor. | Cummins, Light Townsend, author.
Title: Spanish New Orleans and the Caribbean = La Nueva Orleans y el Caribe españoles / edited by Alfred E. Lemmon.
Other titles: Nueva Orleans y la Caribe españoles
Description: New Orleans, LA : The Historic New Orleans Collection, 2022. | "Published on the occasion of the exhibition Spanish New Orleans and the Caribbean at The Historic New Orleans Collection, October 20, 2020-January 2023." | Includes bibliographical references. | In English and Spanish. | Summary: "The essays in this catalog, and the objects included in the exhibition it commemorates, were selected to promote a greater understanding of Spanish colonial Louisiana. Among the diverse themes of the exhibition is the strong link-administrative, cultural, and economic-between New Orleans and the far larger and more important Spanish cities such as Havana, Mexico City, Santo Domingo, Santiago de Cuba and Veracruz"-- Provided by publisher.
Identifiers: LCCN 2019047603 | ISBN 9780917860812 (hardback)
Subjects: LCSH: New Orleans (La.)--History--18th century--Exhibitions. | New Orleans (La.)--History--19th century--Exhibitions. | LCGFT: Exhibition catalogs.
Classification: LCC F379.N557 S68 2020 | DDC 976.3/35--dc23
LC record available at https://lccn.loc.gov/2019047603

Project editors:
Siobhan McKiernan,
Terri Simon, and
Mary M. Garsaud

Director of publications:
Jessica Dorman

President and CEO:
Daniel Hammer

Book designer:
David Jack Browning

Title page image:
***Geographical Aspect of the Hispanic World* (detail)**; 1761; by D. Vicente de Memije; *courtesy of Centro Geográfico del Ejército—Ministerio de Defensa, España*

Endpaper image:
***Symbolic Aspect of the Hispanic World* (detail)**; 1761; by D. Vicente de Memije; *courtesy of Centro Geográfico del Ejército—Ministerio de Defensa, España*

# CONTENTS

**Maniple (worn over the left arm), stole (worn over the neck), chasuble (the outer vestment), humeral veil (worn over the shoulders), and burse (a stiff purse designed to hold the square white linen cloth upon which the chalice and paten are placed)**
ca. 1782; embroidered gold cloth, lace trim of gold and silver wire thread
*courtesy of the Ursuline Convent Museum of New Orleans*

**Manípulo (sujetado al antebrazo izquierdo), estola (llevada sobre el cuello), casulla (vestidura exterior), velo humeral (colocado sobre los hombros) y bolsa de corporales (pieza rígida diseñada para guardar el corporal sobre el que se colocan el cáliz y la patena)**
hacia 1782; tela dorada bordada, adornos en encaje de hilo de plata y oro
*cortesía del Ursuline Convent Museum of New Orleans*

# Introduction

BY ALFRED E. LEMMON

To understand Spain's full impact upon the region and the United States, it is necessary to begin with a glance at the bigger picture. The first European settlement in the present-day United States is sometimes cited as Jamestown, Virginia (1608), or Plymouth, Massachusetts (1620), both of which were English—but in reality, the oldest European cities in the United States are the Spanish settlements of St. Augustine (1565) and Santa Fe (1606). The Florida region was claimed for Spain in 1513 by Juan Ponce de León. It was a vast territory extending northward to Virginia and westward to Louisiana and Texas.

Spain, failing to find riches as it had in Mexico and Peru, did not rush to develop the region. The British and French did not claim any part until 1682, when René Robert Cavalier, sieur de La Salle, finally led an expedition down the Mississippi River to the Gulf of Mexico. He claimed the region for France, naming it Louisiane in honor of Louis XIV. However, France waited to develop Louisiana until after the Peace of Ryswick (1697), which recognized France's claim. Only then did Canadian soldier and explorer Pierre Le Moyne, sieur d'Iberville,

# Introducción

POR ALFRED E. LEMMON

Para entender la influencia que tuvo España en Luisiana y en los Estados Unidos, es necesario tener en cuenta la situación general. Se ha llegado a considerar que los asentamientos ingleses de Jamestown, fundado en 1608 en el estado de Virginia, o Plymouth, fundado en 1620 en Massachusetts, fueron los primeros asentamientos europeos de los Estados Unidos. Sin embargo, las ciudades europeas más antiguas corresponden a los asentamientos españoles de San Agustín, fundado en 1565, y Santa Fe, fundado en 1606. En 1513, Juan Ponce de León reclamó para España la región de Florida, un vasto territorio que se extendía hacia el norte hasta Virginia y hacia el este hasta Luisiana y Texas.

En esta región, España no encontró riquezas como las que halló en México o Perú, por lo que no se apresuró en explotarla. Además, los británicos y franceses no reclamaron ninguna parte de la misma hasta 1682, cuando René Robert Cavalier, señor de La Salle, lideró la primera expedición por el río Misisipi hasta llegar al golfo de México. Cavalier reclamó la región para Francia y la bautizó como Luisiana en honor a Luis xiv. No obstante, Francia esperó

***Plan of the City and Port of Havana***
after 1785
by Tomás López de Vargas Machuca
*courtesy of the John Carter Brown Library*

***Plano de la ciudad y Puerto de La Havana***
después de 1785
por Tomás López de Vargas Machuca
*cortesía de la John Carter Brown Library*

develop a prospectus for the development of Louisiana. As Iberville worked toward establishing a French presence, a seemingly unrelated event in Europe set forth the course of Louisiana history.

In 1700, Spain's King Carlos II died. Having no children, he had stated that his half-sister's grandson—who was also in line of succession to the French throne—should become king. Britain and the Dutch Republic opposed a powerful Franco-Spanish block and went to war to prevent Philip of Bourbon, Duke of Anjou, from becoming the ruler of Spain. The long and expensive War of Spanish Succession ended with the Treaty of Utrecht of 1713. France and Spain were both then ruled by the Bourbon family.

These years also saw the beginning of the Enlightenment, or the Age of Reason, an intellectual movement in eighteenth-century Europe marked by a decrease in traditional forms of authority. Enlightenment thinkers sought instead to improve humankind through rational thought. Many books, inventions, discoveries, and social revolutions were born in this period. In Spain, those with new ideas sought to revitalize the monarchy and its relation with the church. However, they did not attempt to abolish either. Some 7,000 books were published in Spain during this period, more than twice the number in England or France. It was also a period of scientific voyages throughout the Spanish empire. Indeed, Spanish access to the vast territories of the present-day Americas and beyond was envied by scientists of other countries. In the administrative realm, professional statesmen replaced favorites of the monarch. Their reforms, referred to as the "Bourbon reforms,"

hasta la firma del tratado de paz de Ryswick en 1697, donde se le reconocía dicho territorio, para comenzar a desarrollar la colonia. Fue entonces cuando el soldado y explorador canadiense Pierre Le Moyne, señor de Iberville, elaboró una propuesta de urbanización para Luisiana. Mientras Iberville trataba de establecer la presencia francesa en la colonia, un hecho sin aparente relación que tuvo lugar en Europa marcaría el destino de Luisiana.

En 1700, falleció el rey español Carlos II. Al no tener descendencia, el rey declaró que su sucesor debía ser el nieto de su hermanastra, quien también se encontraba en la línea de sucesión al trono francés. Bretaña y los Países Bajos se opusieron al fuerte bloque hispanofrancés e iniciaron una guerra para evitar que Felipe de Borbón, duque de Anjou, se convirtiera en el soberano de España. La larga y costosa guerra de sucesión española terminó con el Tratado de Utrecht en 1713 y con un Borbón al mando tanto en Francia como en España.

Estos años también fueron testigos del comienzo de la Ilustración, también conocida como Edad de la Razón, un movimiento intelectual de la Europa del siglo XVIII caracterizado por una disminución de las formas tradicionales de autoridad. Los pensadores ilustrados querían mejorar la humanidad a través del pensamiento racional. Este período vio nacer muchos libros, inventos, descubrimientos y revoluciones. En España, aquellos ilustrados querían modernizar la monarquía y su relación con la Iglesia, pero no abolir ninguna de estas instituciones. Durante este período, en España se publicaron alrededor de 7000 libros, el doble de los publicados en Inglaterra o Francia. Así mismo, se llevaron

**Silver embroidered antependium used in the St. Louis Cathedral during the Spanish period**
*courtesy of the Louisiana State Museum, gift of the University of Notre Dame*

**Antipendio bordado en plata utilizado en la Catedral de San Luis durante el período español**
*cortesía del Louisiana State Museum, donación de la University of Notre Dame*

sought to revitalize trade, reorganize governing structures and finances, and limit the power of the Spanish Catholic church. The era of Spanish rule in Louisiana would coincide with the height of the Spanish enlightenment.

As this period of turmoil took place in Europe, the French began the colonization

a cabo viajes de índole científica por todo el imperio español. De hecho, los científicos extranjeros envidiaban a España por su acceso a los extensos territorios de las actuales Américas y a otros lugares más lejanos. En lo que respecta a la administración, estadistas profesionales sustituyeron a los favoritos del

effort of the vast territory of "La Louisiane." Spain played a critical role in the development of the French colony almost immediately. During the War of Spanish Succession, Spanish-American governors were ordered to receive French vessels in their ports. In 1702, as the French began attempting to establish a presence on the northern coast of the Gulf of Mexico, supplies came from the Spanish port of Veracruz. Bienville's correspondence details how the young, struggling colony depended upon Veracruz. Documentation dating from 1708 also shows that both livestock and domestic animals were secured from Havana. On March 27, 1711, the Viceroy of Mexico sent supplies to Bienville and expressed his friendship for the French. While correspondence reveals France's concern that the region had originally belonged to Spain, necessity demanded that plans be developed for trade with Mexico.

Just as Veracruz was important to New Orleans, New Orleans was also seen as a potential resource for Veracruz. The journey from Veracruz to Mexico City was difficult and perilous. As a result, the idea was put forth to develop in New Orleans a school for Spanish boys from Veracruz. While Franco-Hispanic relations in the region were not always harmonious, the role of the Spanish Caribbean was critical, as ships bound for Louisiana from Saint-Domingue routinely stopped in Havana. The importance of the trading privileges with the Spanish Caribbean, particularly Mexico, is best seen in a 1758 communication when the French ambassador to Spain was instructed to thank the king of Spain for allowing Louisiana to conduct business with Mexico. Concurrently,

monarca. Estas reformas, conocidas como las reformas borbónicas, pretendían modernizar el comercio, reorganizar las finanzas y estructuras gubernamentales y limitar el poder de la Iglesia Católica española. La época del dominio español en Luisiana coincidiría con el auge del pensamiento ilustrado español.

Mientras este período de agitación acaecía en Europa, los franceses iniciaron la campaña de colonización del extenso territorio que conformaba La Louisiane, como ellos la llamaban. Casi de inmediato, España desempeñó un papel crucial en el desarrollo de la colonia francesa; durante la guerra de sucesión española, se ordenó a los gobernadores hispanoamericanos que acogieran en sus puertos a los navíos franceses. En 1702, los franceses comenzaron a intentar establecerse en la costa norte del golfo de México, por lo que las provisiones llegaban del puerto español de Veracruz. La correspondencia de Bienville detalla cómo esta nueva colonia se encontraba en una situación delicada y dependía de Veracruz. Además, documentos que datan del año 1708 muestran que tanto el ganado como los animales domésticos provenían de La Habana. El 27 de marzo de 1711, el virrey de México envió provisiones a Bienville y manifestó su amistad hacia los franceses. Aunque la correspondencia revela la preocupación de Francia por el pasado español de la región, la necesidad exigía que se fomentaran planes comerciales con México.

Del mismo modo que Veracruz era importante para Nueva Orleans, Nueva Orleans también era un recurso importante para Veracruz. El viaje de Veracruz a Ciudad de México era difícil y peligroso. Por ello, se planteó

# Spotlight

Clockmakers were active in New Orleans at the time of the 1791 census, but there was no local capacity for fabricating clockworks until the 1840s. Imported from France, this particular clock has a very well-crafted French pinwheel movement and struck both the hour and half-hour on a bell. While the actual clock was imported from France, the cases were always built locally due to the amount of space they would have occupied on a ship. Bishop Peñalver y Cárdenas presented the clock to the Ursuline nuns upon his departure from New Orleans in 1801.

Longcase clocks—commonly known, in the United States, as "grandfather clocks" since the late nineteenth century—were quite rare in colonial-era Louisiana, where shelf or mantel clocks predominated in household inventories.

# Un Foco

Cuando en 1791 se levantó el censo, Nueva Orleans ya contaba con relojeros. Sin embargo, hasta la década de 1840, no disponían de los medios necesarios a nivel local para fabricar mecanismos de relojería. Importado de Francia, este particular reloj cuenta con un mecanismo de engranajes francés muy bien ejecutado y marca tanto las horas como las medias horas con una campana. Los mecanismos de los relojes se importaban de Francia, mientras que las cajas se fabricaban a nivel local ya que, de importarlas, habrían ocupado mucho espacio en el barco. En 1801, el obispo Peñalver y Cárdenas entregó el reloj a las monjas ursulinas al marchase de la ciudad.

Comúnmente conocidos en los Estados Unidos como *relojes de abuelo* desde finales del siglo XIX, los relojes de pie eran objetos poco comunes en la Luisiana colonial, época en la que los relojes de repisa o chimenea predominaban en los inventarios domésticos.

**Longcase clock, with French pinwheel regulator, given by Bishop Peñalver y Cárdenas to the Ursuline nuns of New Orleans**
ca. 1801; cypress (case)
made in Louisiana or Cuba (case);
France (mechanism)
*courtesy of the Ursuline Convent Museum of New Orleans*

**Reloj de pie con volante regulador francés, entregado por el obispo Peñalver y Cárdenas a las monjas ursulinas de Nueva Orleans**
hacia 1801; ciprés (caja)
fabricada en Luisiana o Cuba (caja);
Francia (mecanismo)
*cortesía del Ursuline Convent Museum of New Orleans*

***Antonio de Ulloa***
20th century; oil on canvas
by Julio García Condoy, after José Roldán y Martínez
*courtesy of Ministerio de Defensa de España, Museo Naval de Madrid*

***Antonio de Ulloa***
siglo XX; óleo sobre lienzo
por Julio García Condoy, después José Roldán y Martínez
*cortesía del Ministerio de Defensa de España, Museo Naval de Madrid*

**Below: excerpt from *News of the Americas: Physico-Historical Conversations on Central and North-East America . . .***
by Antonio de Ulloa
presentation copy prepared for Carlos III
Madrid: Francisco Manuel de Mena, 1772
*The Historic New Orleans Collection, acquisition made possible by the Richard Koch Fund, 2019.0132*

# Conversation XVII.

## *On the native Indians of the two Americas, their customs and habits.*

The way the Indians of Louisiana, and those inhabiting the extensive territories towards the north, paint themselves is rather like how civilized nations dress and groom themselves to improve their appearance. They call the practice *Mactachér*, and use their talents in it, practising it with great detail and delicacy; this is where they reveal their patience, and it is the only thing they do without laziness and are always ready for it. They need 5 or 6 hours, the equivalent to a whole morning, for this operation, and the most refined and meticulous lady could hardly use her mirror as much, when adorning herself, as they do: they apply the colors with such art as requires skill: along the roots of the eyelashes, on both lids, they put two lines of color, as wide as a thread: they do the same on the lips, the nostrils, and the eyebrows: they also do it on the ears, following their curves.

**Bajo: extracto de *Noticias Americanas: entretenimientos phisicos-historicos, sobre la América Meridional, y la Septentrianal Oriental . . .***
por Antonio de Ulloa
ejemplar de presentación impreso para Carlos III
Madrid: Francisco Manuel de Mena, 1772
*The Historic New Orleans Collection, adquisición posible gracias al Richard Koch Fund, 2019.0132*

# Entretenimiento XVII.

## *De los Indios naturales de las dos Américas, y de sus costumbres, y usos.*

La obra de pintarse en los Indios de la Luisiana, y en los que pueblan aquellos dilatados Países ácia el Norte, viene á ser como en las Naciones cultas el vestirse y ponerse decentes para parecer. Llamanle ellos *Mactachér*, y es en lo que emplean sus talentos, practicandolo con la mayor prolixidad y delicadeza; en lo que se dexa conocer su paciencia, siendo la unica cosa que hacen sin pereza, y para que están siempre prontos. Necesitan 5 ó 6 horas, que es una mañana entera, para esta operacion; y la Dama mas delicada y prolixa no hace tanto uso del Espejo, para tocarse, como ellos: ván aplicando los colores con tal arte, que se requiere tener destreza para hacerlo: por la raíz de las Pestañas, sobre los dos Parpados, ponen dos lineas de color del grosor de un hilo: lo mismo executan en los Labios, en las aberturas de las Narices, y sobre las Cejas: en las Orejas tambien ponen, haciendo las mismas bueltas que ellas tienen. El

The rest of the face is filled in with various designs, with red the dominant color, and the other lines to enhance. Part of the neck also forms part of this decoration, and they usually put quite thick layers of vermilion on their cheeks. Inventing the designs to paint, and drawing fine, precise lines, requires the time already mentioned, and as the results do not always correspond to the original idea, they sometimes erase finished designs and replace them with others they judge to suit them better. They are so delighted by this practice and proud of their work that once they are *Mactaches* they continue to hold their mirrors and admire themselves in them; the rest of the body is left natural, as is the head, with no clothes to cover them; they usually go about naked, with just a loincloth.

The Indian warriors, who are like captains with a reputation for valor, are distinguished from the others by painting their bodies in a form of printing, introducing the colors under the skin, which they call *piqueteado* (pricking), because it is done with needles, and the size of the decorated area grows in proportion to their exploits; just the arms for some, spreading to the legs for others; for others extending to the thighs, and for others from the waist up, these being the war leaders: so as their feats and their reputations grow, so do their prints.

These warriors also wear feathers, which they put on their heads in the form of a crest, and on their arms and legs, above the ankles, like bracelets, which are also the badge of a warrior and a sign of valor; therefore, those who are not warriors do not wear them.

resto de la cara lo distribuyen en varias figuras, siendo el rojo el que sobresale, y los otros sirven para realzarlo. Tambien parte del Pescuezo éntra en esta galanura, y de ordinario sobre las Mejillas ponen chapas bastante espesas de Bermellón. Para inventar las figuras que han de hacer, y tirar las lineas con sutileza y perfeccion necesitan del tiempo que se ha dícho; y como no siempre corresponden á la idéa que se forman, sucede el borrarlas despues que están hechas para sobstituír otras que les quadren mejor á su modo de juzgar. Es tal la presuncion y el deleyte que tienen en esto, que despues de estár *Mactaches* no sueltan de la mano el Espejo, ni cesan de mirarse en él, recreandose con su propia figura: el resto del cuerpo queda á lo natural, y lo mismo la cabeza, sin ropa que les cubra la carne; siendo lo comun andar en cueros, y solo con lo que llaman Tapa-Rabo.

Los Indios guerreros, que son como los Capitanes de valor y credito, se distinguen de los otros en traer pintado el cuerpo en estampado, introduciendo los colores por el pellejo que llaman *Piqueteado*, por hacerse á fuerza de piquetes, y á proporcion de las prohezas se extiende este modo de pintura; los unos no traen mas que los brazos, otros aumentan las piernas; en otros se estiende á los muslos, y en otros desde la cintura arriba, que son los principales en la guerra: de este modo, á medida que las acciones y la reputacion ván creciendo, lo vá tambien el estampado.

Estos guerreros usan tambien de Plumages, que ponen en la cabeza en forma de Garzota, en los brazos y en las piernas, mas arriba de los tobillos, al modo de Brazaletes, siendo asimismo distintivo de las Armas y señal de valor; asi los que no son guerreros no los traen.

**Crozier (the pastoral staff and symbol of authority and jurisdiction of a bishop) of Luis Peñalver y Cárdenas, first bishop of the diocese of Louisiana and the Floridas**
ca. 1795; cast and chased copper-gilt, constructed in sections
*courtesy of the Office of Archives and Records, Archdiocese of New Orleans*

**Báculo (palo pastoral y símbolo de autoridad del obispo) de Luis Peñalver y Cárdenas, el primer obispo del diócesis de Luisana y las Floridas**
hacia 1795; cobre fundido y cincelado bañado en oro, hecho por partes
*cortesía de la Office of Archives and Records, Archdiocese of New Orleans*

***Bishop Luis Ignacio María de Peñalver y Cárdenas***
ca. 1801; oil on canvas
by José Francisco Xavier de Salazar y Mendoza
*courtesy of the Louisiana State Museum, gift of the University of Notre Dame*

***El Obispo Luis Ignacio María de Peñalver y Cárdenas***
hacia 1801; óleo sobre lienzo
por José Francisco Xavier de Salazar y Mendoza
*cortesía del Louisiana State Museum, donación de la University of Notre Dame*

# Spotlight

This circa 1801 portrait of the first bishop of Louisiana and the Floridas is one of only around fifty surviving works attributed to Spanish Louisiana's preeminent visual artist, José Francisco Xavier de Salazar y Mendoza (ca. 1750–1802). Active in New Orleans from 1782 until his death, the Mexican-born Salazar painted many of the colony's leading civic, religious, and military figures. Through his work, we glimpse personal characteristics of the colony's elite.

Born to a wealthy family in Havana on April 3, 1749, Luis Peñalver y Cárdenas earned a doctor of theology from the Universidad de San Gerónimo and, in 1773, was appointed provisor and vicar-general by the bishop of Santiago de Cuba. His rise through the ecclesiastic ranks would coincide with a period of dramatic population growth in the region comprising Louisiana, East Florida, and West Florida. In an effort to improve the religious conditions in the region, Pope Pius VI established an independent diocese in 1793. The bishop of this new diocese would be based in New Orleans, rather than report to Havana.

The lengthy process for Peñalver y Cárdenas's appointment in Louisiana reflects the bureaucratic complexity and geographic expanse of the church. Letters of recommendation were sought from as far away as the Philippines. Peñalver y Cárdenas arrived in New Orleans in July 1795 and remained in the colony until 1801, the year this portrait was painted. He then accepted a transfer to Guatemala, where he served until 1805. He died in Havana in 1810.

# Un Foco

Este retrato (hacia 1801) del primer obispo de Luisiana y las Floridas es una de las cerca de 50 obras que todavía existen de José Francisco Xavier de Salazar y Mendoza (hacia 1750–1802), ilustre artista visual de la Luisiana española. Este artista mexicano trabajó en Nueva Orleans desde 1782 hasta su fallecimiento y en ese período retrató a gran parte de las principales figuras políticas, religiosas y militares. Gracias a su trabajo, podemos conocer las características personales de la élite colonial.

Nacido el 3 de abril de 1749 en el seno de una familia acomodada de La Habana, Luis Peñalver y Cárdenas se doctoró en Teología por la Universidad de San Gerónimo. En 1773, fue nombrado provisor y vicario general por el obispo de Santiago de Cuba. Su ascenso a través de los rangos eclesiásticos coincidiría con un período de notable crecimiento demográfico en las regiones de Luisiana, Florida Oriental y Florida Occidental. En 1793, en un intento por mejorar las condiciones religiosas de la región, el Papa Pío VI constituyó una diócesis independiente. El obispo de esta nueva diócesis se ubicaría en Nueva Orleans, no teniendo así que dar parte a La Habana.

El largo proceso para el nombramiento de Peñalver y Cárdenas en Luisiana refleja la complejidad burocrática y la extensión geográfica de la Iglesia. Se solicitaron cartas de recomendación de lugares tan lejanos como Filipinas. En julio de 1795, Peñalver y Cárdenas llegó a Nueva Orleans y permaneció en la colonia hasta 1801, año en el que se pintó este retrato. Después, se le destinó a Guatemala, donde ejerció hasta 1805. Falleció en La Habana en 1810.

the growing British threat in North America to New France resulted in greater cooperation between Spain and France. During September and October of 1758, the French ambassador to Spain notified authorities in Madrid that France could no longer defend Canada and the future of Louisiana was uncertain. If the English gained Louisiana, it was feared they would attack Mexico. Throughout 1761 and 1762, officials in Madrid explained how Louisiana could be supplied from Havana and Veracruz.

As France faced the reality that Louisiana would be lost to England, representatives of Louis XV argued that Louisiana was in reality Spanish, dating back to the 1494 Treaty of Tordesillas between Spain and Portugal. The British rejected the claim. In a dramatic moment on the very morning that the treaty was to be signed and France would lose Louisiana to the English, Louis XV personally wrote a letter to his cousin Carlos III, who was initially unenthusiastic but finally agreed. Thus Louisiana passed from the Bourbon French to the Bourbon Spanish in late 1762. However, it was not until 1768 that Spain took control.

*Spanish New Orleans and the Caribbean* explores the shared experience of the diverse peoples who came together, during this period of Spanish rule, in the immense region known as Luisiana. Through commentary and visual documentation, this catalog serves as

**_Carlos IV as Prince of Asturias_**
between 1779 and 1782; oil on canvas
by Ginés Andrés de Aguirre
*courtesy of Museo de la Real Academia de Bellas Artes de San Fernando. Madrid*

la idea de establecer en Nueva Orleans una escuela para los niños españoles de Veracruz. Aunque las relaciones hispanofrancesas en la región no siempre eran cordiales, la función que desempeñaba el Caribe español era crucial, ya que los barcos que zarpaban a Luisiana desde Saint-Domingue paraban regularmente en La Habana. El mejor ejemplo de la importancia de los privilegios comerciales con el Caribe español, en especial con México, se puede encontrar en un comunicado de 1758 en el que se ordena al embajador francés en España mostrar su agradecimiento al rey español por permitir que Luisiana mantuviera actividades mercantiles con México. Al mismo tiempo, la creciente amenaza británica en Norteamérica hacia Nueva Francia dio pie a una mayor cooperación entre España y Francia. Durante los meses de septiembre y octubre de 1758, el embajador francés en España notificó a las autoridades de Madrid que Francia no podía seguir defendiendo Canadá y que el futuro de Luisiana era incierto. El mayor temor era que los ingleses pudieran atacar México si estos se hacían con Luisiana. A lo largo de 1761 y 1762, los oficiales en Madrid detallaron cómo se podría abastecer a Luisiana desde La Habana y Veracruz.

Mientras Francia afrontaba el hecho de que perderían Luisiana ante los ingleses, representantes de Luis XV alegaban que Luisiana era en realidad española según el

**_Carlos IV como príncipe de Asturias_**
entre 1779 y 1782; óleo sobre lienzo
por Ginés Andrés de Aguirre
*cortesía del Museo de la Real Academia de Bellas Artes de San Fernando. Madrid*

a companion to the gallery experience and a record, in both Spanish and English, of a collaborative effort among dozens of public and private lenders.

One of the founders of The Historic New Orleans Collection, General L. Kemper Williams, carefully collected materials related to the Spanish Louisiana experience. His interests included maps, documents, books, and—exceptional for a private collector—microfilm of critical Louisiana documents housed in Spanish institutions. As subsequent generations of curators continued to build upon General Williams's interests, two phenomena emerged: the remarkable legacy of Spanish colonial times, and the profound public unfamiliarity with this legacy. As both tribute and corrective, The Historic New Orleans Collection proudly presents this exhibition.

French heritage is embedded in the very name "New Orleans," honoring Philippe II, duc d'Orléans, regent of France. Yet the city's most recognizable landmark, Jackson Square, testifies to an abiding Spanish influence. The buildings facing the square—the Cabildo, Cathedral, and Presbytère—are the legacy of one Spanish philanthropist, Andrés Almonester y Roxas. Those flanking it are credited to the architectural vision of his daughter, Micaëla Leonarda Almonester, Baroness de Pontalba. Together they form what has been called one of the "most notable civic centers in America."[1]

New Orleans thrived under Spanish rule (1762–1803), linked through trade and

1 Wilson, *Architecture of Colonial Louisiana*, 317.

Tratado de Tordesillas suscrito entre España y Portugal en 1494. Sin embargo, los británicos rechazaron este argumento. En un momento de tensión la misma mañana en la que se iba a firmar el tratado mediante el que Francia perdería Luisiana en favor de los ingleses, Luis XV escribió de su puño y letra una carta a su primo Carlos III, quien accedió a sus peticiones, a pesar de haberse mostrado un poco reacio en un principio. Así, a finales de 1762, Luisiana pasó de los Borbones franceses a los Borbones españoles, aunque España no asumió el control de la colonia hasta 1768.

En la exposición *La Nueva Orleans y el Caribe españoles* se estudia la experiencia que compartieron los pueblos que confluyeron en la inmensa región conocida como Luisiana durante la época de la soberanía española. A través de crónicas y documentos visuales, este catálogo supone tanto una guía que complementa la experiencia en el museo como un documento bilingüe, en español e inglés, que recoge la labor de un gran número de coleccionistas, tanto públicos como privados.

El general L. Kemper Williams, uno de los fundadores de la Historic New Orleans Collection, reunió con esmero material relacionado con la época de la Luisiana española. Se interesó en adquirir mapas, documentos, libros y microfilmes de importantes documentos de Luisiana que se conservaban en instituciones españolas, algo excepcional tratándose de un coleccionista privado. A medida que las generaciones posteriores de conservadores continuaron con la labor del general Williams, se hicieron patentes el sorprendente legado de los tiempos coloniales españoles y el profundo

empire to the nerve centers of the circum-Caribbean. Havana, the wealthiest and most populous port in the Americas, boasted a diverse, cosmopolitan population and was a center of shipbuilding and commerce. Mexico City was the capital of the Viceroyalty of New Spain, the Spanish empire's richest territory in the eighteenth century, and a center of Enlightenment thought. Santo Domingo, the oldest Spanish city in the Americas, was a center of governance of the Americas. New Orleans reflected elements of each metropolis, while developing its own unique cultural identity.

Through paintings, books, documents, engravings, and examples of material culture, *Spanish New Orleans and the Caribbean* places New Orleans within larger Spanish and European contexts. It brings together some 120 rarely seen items of exceptional quality from the holdings of THNOC and institutions across Spain and the United States. This assemblage hints at—and pays tribute to—the breadth and depth of an unparalleled archival record. Objects from Spanish Louisiana—ranging from petrified animal bones to portraits—are, today, prized holdings of museums. But a broader sense of the cultural production of that bygone era has been lacking. *Spanish New Orleans and the Caribbean* aims to right that balance.

Spain boasts one of the oldest and most well-preserved assemblages of archives in Western Europe. As a result, it is possible to recreate nearly every aspect of life in the Spanish Americas with amazing precision. Today there are no fewer than thirteen major archival repositories in Spain with significant Louisiana material. Chief among these is the

desconocimiento público del mismo. Por ello, esta institución tiene el orgullo de presentar esta exposición como homenaje y medida para subsanar dicho desconocimiento.

El legado francés está implícito en el propio nombre de la ciudad, Nueva Orleans, en honor a Felipe II, duque de Orleans y regente de Francia. Sin embargo, el monumento histórico más reconocible de la ciudad, la Plaza Jackson, pone de manifiesto la continua influencia española. Los edificios ubicados de cara a la plaza y frente al río Misisipi, concretamente el Cabildo, la catedral y el Presbiterio, son el legado del filántropo español Andrés Almonester y Roxas y los edificios ubicados en los laterales son el resultado de la visión arquitectónica de su hija, Micaela Leonarda Almonester, baronesa de Pontalba. Juntos forman el que se conoce como uno de los «conjuntos arquitectónicos municipales más importantes de América»[1].

Nueva Orleans progresó bajo el dominio español (1762–1803), ya que estaba conectada con todos los puntos neurálgicos de la región del Caribe gracias al comercio y al imperio. La Habana, uno de los puertos más pudientes y poblados de las Américas, presumía de contar con una población diversa y cosmopolita, además de ser un centro de comercio y construcción naval. Ciudad de México era la capital del virreinato de Nueva España, el territorio más rico del imperio español en el siglo XVIII y uno de los núcleos del pensamiento ilustrado. Estos territorios se gobernaban desde Santo Domingo, la ciudad española más antigua en las Américas. Nueva

1 Wilson, *Architecture of Colonial Louisiana*, 317.

General Archive of the Indies, established during the reign of Carlos III. As it developed, the archive reflected the administrative vision of José de Gálvez, secretary for the Indies; the expertise of historian Juan Bautista Muñoz; the Enlightenment ideals of the era; and the political needs of the Spanish empire. It was hoped that the archival record would permit researchers to accurately portray the history, but also develop a greater sense of pride in the achievements of Spain in the Americas.

Countless regional and city archives in Spain supplement the central archives and contain information on individuals who relocated to Louisiana. When Spanish rule ended, many official documents were transferred to Spain. However, a significant quantity of notarial acts, land tenure records, and judicial proceedings remained in Louisiana and in a variety of smaller repositories, both public and private, scattered across the United States. Furthermore, as Spanish Louisiana reported to both Cuba and Mexico, the national archives of those two countries also contain significant Louisiana resources. The Spanish notaries carefully cared for the notarial acts of their own records as well as those of their French predecessors. The Spanish Cabildo took concrete steps to properly house the official city records, and Father Antonio de Sedella (known as Père Antoine) meticulously copied the increasingly fragile sacramental records of the present-day St. Louis Cathedral. Much of the material culture of the Spanish period has been lost over time due to dispersal, decay, and disaster. Yet estate inventories surviving in archives provide a precise window into Spanish Louisiana. They

Orleans reflejaba los elementos de cada una de las metrópolis a la vez que desarrollaba su propia identidad cultural.

A través de pinturas, libros, documentos, grabados y ejemplos de cultura material, la exposición *La Nueva Orleans y el Caribe españoles* sitúa a Nueva Orleans en un contexto español y europeo más amplio. Esta exposición reúne 120 objetos insólitos de una calidad excepcional pertenecientes a la colección de la Historic New Orleans Collection y a otras instituciones de España y Estados Unidos. Esta colección alude y rinde tributo a la envergadura y exhaustividad de un registro archivístico incomparable. Hoy en día, los objetos de la Luisiana española —desde huesos petrificados de animales hasta retratos— son piezas de gran valor para los museos. Sin embargo, falta un mayor conocimiento de la producción cultural de esa época. Es por ello que la exposición *La Nueva Orleans y el Caribe españoles* pretende solventar ese déficit.

España cuenta con uno de los conjuntos archivísticos más antiguos y mejor conservados de Europa occidental, gracias al cual es posible recrear con gran precisión casi cualquier aspecto de la vida en las Américas españolas. Actualmente, en España existen al menos trece depósitos principales de archivos que contienen material de gran valor sobre Luisiana. El más importante es el Archivo General de Indias, creado durante el reinado de Carlos III. A medida que se iba ampliando, el archivo reflejaba la visión administrativa de José de Gálvez, titular de la Secretaría de las Indias; la experiencia del historiador Juan Bautista Muñoz; los ideales ilustrados de la época, y las necesidades políticas del imperio español. Se pretendía que este

make it possible to recreate a household in amazing detail.

The present-day Catholic Church is perhaps the largest single owner of surviving material culture from the Spanish period. Some church holdings have passed into public or private collections—such as the antependium that once graced the cathedral altar and the portrait of Bishop Luis Peñalver y Cardenas, both now in the Louisiana State Museum. But remarkable items remain in the possession of the Church. The crozier of the first bishop of New Orleans remains in use in the St. Louis Cathedral. And religious vestments made by early Ursuline nuns, statues from Spain, silver candlesticks, lanterns, and a longcase clock from Cuba remain in possession of the Ursulines.

Spain's role in the development of the southeastern United States dates to the sixteenth century—far longer than any other European empire. While this exhibition focuses on the political and cultural heritage of the Spanish colonial period, it implicitly reflects an engagement dating back more than half a millennium. Elsewhere in this volume, Light Cummins outlines the political wrangling in this region of Spain, its sometime rival France, and their mutual antagonist Britain.

The period of Spanish rule witnessed dramatic changes in the size and makeup of Louisiana's population. The culture that emerged was as diverse as the varied peoples drawn here by ambition, greed, scientific curiosity, or forced migration. The king of Spain—his Most Catholic

registro archivístico no solo permitiera a los investigadores retratar la historia de forma fiel, sino también alimentar el orgullo por los logros de España en las Américas.

Numerosos archivos regionales y municipales españoles complementan los archivos centrales e incluyen información sobre personas que se trasladaron a Luisiana. Cuando el dominio español finalizó, muchos de los documentos oficiales fueron remitidos a España. Sin embargo, un gran número de actos notariales, documentos de posesión de tierras y procedimientos judiciales permanecieron en Luisiana y en varios depósitos más pequeños, tanto públicos como privados, distribuidos por todo Estados Unidos. Además, como la Luisiana española daba parte a Cuba y a México, los archivos nacionales de estos países también poseen material de gran valor sobre Luisiana. Los notarios españoles conservaron con sumo cuidado los actos notariales de sus archivos, así como los de sus predecesores franceses. El Cabildo español tomó medidas concretas para almacenar de forma adecuada la documentación municipal oficial, y el padre Antonio de Sedella, conocido como Père Antoine, copió meticulosamente los cada vez más frágiles registros sacramentales de la actual catedral de San Luis. Gran parte de la cultura material del período español se ha perdido a lo largo de los años debido a su dispersión, deterioro o a los desastres naturales. No obstante, los inventarios de patrimonio que se conservan en los archivos proporcionan una visión precisa de la Luisiana española y, gracias a ellos, ha sido posible recrear una vivienda con gran lujo de detalles.

La actual Iglesia católica es quizá la mayor propietaria de cultura material que se conserva

**Above:** ***Elévation geometralle contenant les principalles parties d'une sucrerie, pr. Bau[din] [Geometrical Elevation of the Main Parts of a Sugar Mill, for Baudin]***
January 29, 1800
by Jean-Marie Godofre Dujareau
from Court Proceedings of Narcisse Broutin
(volume 42, page 34)
*courtesy of Hon. Chelsey Richard Napoleon, Clerk of Civil District Court, Parish of Orleans*

---

**Opposite: Cross section of the support beams for the semi-circular portion of a sugar mill's roof**
January 29, 1800
by Jean-Marie Godofre Dujareau
from Court Proceedings of Narcisse Broutin
(volume 42, page 18)
*courtesy of Hon. Chelsey Richard Napoleon, Clerk of Civil District Court, Parish of Orleans*

**Arriba:** ***Elévation geometralle contenant les principalles parties d'une sucrerie, pr. Bau[din] [Alzado de las partes principales de una azucarera realizado para Baudin]***
29 de enero de 1800
por Jean-Marie Godofre Dujareau
extraído de los autos judiciales de Narcisse Broutin (tomo 42, página 34)
*cortesía de Hon. Chelsey Richard Napoleon, Clerk of Civil District Court, Parish of Orleans*

---

**Opuesto: Sección transversal de las vigas de apoyo de la parte semicircular del tejado de una azucarera**
29 de enero de 1800
por Jean-Marie Godofre Dujareau
extraído de los autos judiciales de Narcisse Broutin (tomo 42, página 18)
*cortesía de Hon. Chelsey Richard Napoleon, Clerk of Civil District Court, Parish of Orleans*

# Spotlight

Sugar remains one of Louisiana's main agricultural products today, but the earliest attempts to grow sugarcane in Louisiana did not produce any substantial successes. The first ongoing cultivation of sugarcane began in 1751 under the supervision of French Jesuit priests, in the present-day Central Business District of New Orleans. In 1795, an indigo planter named Etienne Boré produced granulated sugar from sugarcane in uptown New Orleans. This development led to exponential growth in sugarcane farming and export—and a parallel growth in chattel slavery to grow and harvest the crop.

Processing sugarcane into granulated sugar was grueling, labor-intensive, and dangerous. Enslaved people worked long days during the "grinding season," crushing sugarcane and boiling the juice in a series of huge open kettles. In some cases, mortality rates for enslaved people were twice as high on sugar plantations as on cotton plantations.

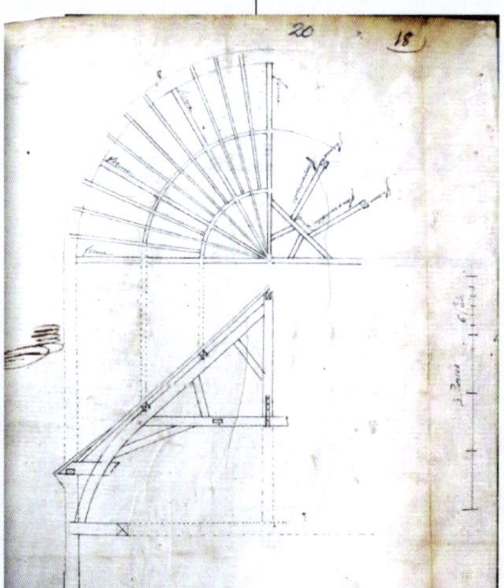

# Un Foco

El azúcar sigue siendo uno de los principales productos agrícolas de Luisiana. Sin embargo, cabe señalar que los primeros intentos de cultivo de caña de azúcar no dieron buenos resultados. El primer cultivo considerado como tal data del año 1751. Se encontraba bajo la supervisión de los curas jesuitas franceses y se ubicaba en lo que hoy en día es el distrito financiero de Nueva Orleans. En 1795, Etienne Boré, un cultivador de añil, produjo azúcar granulado a partir de las cañas a las afueras de Nueva Orleans. Por un lado, este avance supuso el crecimiento exponencial del cultivo y de la exportación de la caña de azúcar, mientras que, por otro, intensificó el comercio de personas esclavizadas para cultivar y cosechar dicha planta.

El procesamiento de la caña de azúcar para obtener azúcar granulado era una tarea agotadora, peligrosa y para la que se necesitaba mucha mano de obra. Durante la temporada de molienda, las personas esclavizadas trabajaban durante largos días moliendo la caña de azúcar y cociendo el jugo en varias calderas enormes. En algunos casos, la tasa de mortalidad de las personas esclavizadas que trabajaban en las plantaciones de azúcar doblaba a la de aquellos que trabajan en las de algodón.

Majesty—sought to defend the region against rival powers by populating it with loyal Catholic subjects. Canary Islanders, *malagueños*, Acadians, Germans, Irish, Maryland Catholics, and refugees from Saint-Domingue were welcome. And in time, cautiously confident in the colony's ability to absorb and manage nonbelievers, the administration of Governor Esteban Miró (1785–91) developed plans to permit the immigration of non-Catholic Anglo-Americans into the colony under select circumstances. A significant number of Jewish families, too, made their home in Louisiana during this period, adopting the rituals of Catholicism while preserving, albeit secretly, facets of their own traditions.

Culture may be defined as that which is human made, in contradistinction to that which is of nature. In reality, the boundaries between these realms are fluid. One notable theme of this exhibition is the lasting cultural significance of Spanish scientific practice.

The scientific imprint of the Spanish colonial era is visible in Louisiana's natural and built environment, measurable in its commerce, and audible in its folkways. Thanks to the ongoing educational efforts of preservationists and public historians, even casual tourists are increasingly aware of "Spanish" architectural elements in today's French Quarter. Less well known, however, is the fact that Spanish land survey practices and Spanish land claims continue to shape the lives of Gulf South residents. The boundaries of

de la época española. Algunas de las piezas han pasado a colecciones públicas o privadas, como el antipendio que una vez adornó el altar de la catedral y el retrato del obispo Luis Peñalver y Cárdenas; ambos se encuentran actualmente en el Louisiana State Museum. No obstante, los objetos más importantes siguen en posesión de la Iglesia. Aún se utiliza en la catedral de San Luis el báculo del primer obispo de Nueva Orleans. Las vestiduras religiosas hechas por las primeras monjas ursulinas, estatuas traídas de España, candelabros de plata, faroles y un reloj de pie de Cuba siguen en posesión de la orden de las ursulinas.

El papel de España en el desarrollo del sudeste de Estados Unidos data del siglo XVI, mucho antes que el de cualquier otro imperio europeo. Aunque esta exposición se centra en el patrimonio político y cultural del período colonial español, refleja de forma implícita un enfrentamiento que se remonta más de medio milenio. En otra sección de esta obra, Light Cummins destaca los altercados políticos que hubo en esta región entre España y Francia, rivales ocasionales, y el enemigo que ambos tenían en común: Gran Bretaña.

El período de dominio español fue testigo de los impresionantes cambios en la densidad y la composición de la población de Luisiana. La cultura resultante era tan diversa como la variedad de personas que llegaban atraídas por la ambición, la codicia, la curiosidad científica o que se habían visto obligadas a migrar. Su Católica Majestad el

Louisiana and Mississippi, as defined during the Spanish period—three nautical leagues, or approximately twelve miles offshore—have had enormous implications for the two states' oil revenues. As a result of those colonial-era offshore boundaries, the federal government must share oil revenues coming from the tidelands area of the Gulf of Mexico with Louisiana and Mississippi.

As a result of Spanish agricultural practice, cotton and sugar became major cash crops in Louisiana. Another mainstay of the economy from Florida to Texas—cattle—was brought from Andalusia, and ranching became prevalent during the Spanish colonial era. It was important as a driver of economic growth, but also brought together diverse populations of Native Americans and colonists.

Although it lacked institutions of higher learning, Louisiana boasted esteemed scholars—perhaps none more revered than Antonio de Ulloa, who, in his *Noticias Americanas* (1772), presented information on a wide range of scientific topics gathered during his two-year tenure as governor—including detailed commentary on the potential medicinal uses of Louisiana plants, the impact of Louisiana's extensive forests on animals, the quality of water of the Mississippi, and hosts of other topics, including the beauty and delicacy of the tradition of Native American body painting (pp. 9–10).

Another resident, Scottish-born William Dunbar of Natchez, was in correspondence with several of the leading astronomers of the day, including William Herschel, the discoverer of Uranus. Barthélémy Lafon of New Orleans gained recognition as both an

rey de España quería defender la región de potencias rivales, por lo que la pobló con leales súbditos católicos: canarios, malagueños, acadianos, alemanes, irlandeses, católicos de Maryland y refugiados de Saint-Domingue eran bienvenidos. Con el tiempo y confiando de forma cautelosa en la capacidad de la colonia para integrar y controlar a los no creyentes, la administración del gobernador Esteban Miró (1785–1791) elaboró una serie de preparaciones que permitían la inmigración de angloamericanos que no eran católicos a la colonia en circunstancias especiales. Además, un gran número de familias judías se asentaron en Luisiana en aquella época y adoptaron públicamente los rituales católicos mientras que preservaron en secreto algunas de sus tradiciones.

Podríamos definir cultura como aquello creado por el ser humano, en contraposición a aquello creado por la naturaleza. A decir verdad, los límites entre ambos son difusos. Uno de los temas importantes de esta exposición es la trascendencia cultural imperecedera de la práctica científica española.

La huella científica de la era colonial española se observa en el entorno natural y artificial de Luisiana, se percibe en su comercio y se escucha en su cultura popular. Gracias a las continuas labores educativas de los defensores del patrimonio cultural e historiadores públicos, hasta los turistas fortuitos son cada vez más conscientes de los elementos arquitectónicos «españoles» en el actual Barrio

engineer and a cartographer, and Juan Pedro Walker, born and educated in Louisiana, became a distinguished cartographer.

The impact of Spain extended into the realm of the fine arts. From the earliest days of the colony, a host of military draftsmen and writers produced works that were intended to satisfy European curiosity about the vast new land of Louisiana. However, there are no true traces of practicing artists among the colonists until 1774, when the minutes of the Cabildo note a commission for a portrait of Carlos III and the Prince of Asturias. In the 1790s Joseph Furcoty, F. Godefroid, Joseph Herrera, Ambroise Pardo, and José Francisco Xavier de Salazar y Mendoza were active portrait painters in New Orleans. Salazar, a native of Mérida, is deservedly the standout here; a significant body of his work survives. His paintings of important civic and religious leaders—such as philanthropist Andrés Almonester y Roxas, Bishop Luis Peñalver y Cardenas, Père Antoine, and the royal surveyor Carlos Laveau Trudeau—as well as citizens of lesser stature not only capture the personalities of the era but also provide a window into material culture, from clothing to musical instruments.

A major component of Spanish life was ceremony, both secular and religious. Here, too, the archival record proves invaluable. Surviving accounts demonstrate the role of ceremony in establishing Spanish identity, affirming hierarchy, and permitting local

Francés (French Quarter). Sin embargo, mucha gente no sabe que las prácticas catastrales y concesiones territoriales españolas siguen configurando las vidas de los residentes del sur del golfo. Los límites de Luisiana y Misisipi tal como se definieron en la época española, tres leguas marítimas o unas doce millas mar adentro, han tenido enormes consecuencias en los ingresos petrolíferos de los dos estados. Como resultado de las demarcaciones marítimas de la era colonial, el gobierno federal debe compartir los ingresos petrolíferos de las zonas costeras del golfo de México con Luisiana y Misisipi.

Debido a las prácticas agrícolas españolas, el algodón y el azúcar se convirtieron en los principales cultivos comerciales en Luisiana. Desde Andalucía llegó otro de los pilares fundamentales de la economía desde Florida hasta Texas, el ganado, que hizo de la ganadería una práctica frecuente durante la era colonial española. Esta no solo fue importante como motor del crecimiento económico, sino que también sirvió de nexo entre las diferentes poblaciones de nativos americanos y colonos.

Aunque carecía de instituciones de educación superior, Luisiana presumía de contar con reconocidos estudiosos, siendo Antonio de Ulloa el más venerado. En su obra *Noticias americanas* (1772), Ulloa presentaba una gran variedad de temas científicos recopilados durante sus dos años de mandato como gobernador. Esta obra incluye comentarios pormenorizados sobre los posibles usos medicinales de plantas de Luisiana, la influencia que tienen los grandes bosques de Luisiana en los animales, la calidad del agua del río Misisipi y otro sinfín de temas,

officials to invoke royal favor. Even after the disastrous fire of 1788, no effort was spared for the ceremonies commemorating the death of Carlos III. Pedro Pedesclaux, the Cabildo's notary, dutifully wrote a detailed account of the April 22, 1789, ceremonies to send to authorities in Spain. The humble hospital chapel was transformed with a *túmulo imperial* (ceremonial royal tomb) of red velvet with a crown and scepter of imitation precious stones. On May 4, 1789, the same chapel was the scene of the proclamation of the new monarchs. The three-day event included the unveiling of portraits of Carlos IV and Queen María Luisa de Borbon, musical concerts, the presentation of theatrical works, and dances.

Names of early musicians dot the archival record, as well. One compelling mystery concerns an individual referred to simply as "Préjean," whose services were sought after by Governor Miró. Reportedly living near Baton Rouge, Préjean was known for his skills as a keyboard and violin performer. Miró also composed a 1783 letter to José de Ezpeleta, the acting captain general of Cuba, stating that clarinetists, trumpeters, and a music director were needed in Louisiana (military troops were required to have a drummer, trumpeter, and fife player). But it is Bernardo de Gálvez, remembered today as a military hero, who deserves recognition as a great champion of music. A lover of ballet, Gálvez mandated specific rehearsal halls for dancers. He recruited Vicente Llorca to compose music specifically in the "Spanish style" for the parish church of St. Louis. In Mexico, as Viceroy, Gálvez issued guidelines for theaters, some of which countered European custom—by forbidding

entre los que se incluía la belleza y exquisitez de la tradición de la pintura corporal de los indígenas de Luisiana.

Otro de sus residentes, el escocés William Dunbar de Natchez, mantenía correspondencia con varios de los astrónomos más importantes del momento, entre los que se encontraba William Herschel, descubridor de Urano. Barthélémy Lafon de Nueva Orleans fue un reconocido ingeniero y cartógrafo, y Juan Pedro Walker, nacido y educado en Luisiana, se convirtió en un distinguido cartógrafo.

La influencia de España llega hasta las bellas artes. Desde los inicios de la colonia, una multitud de dibujantes y escritores militares creaban obras con la intención de satisfacer la curiosidad que tenían en Europa acerca del nuevo y vasto territorio de Luisiana. Sin embargo, no hay indicios palpables de artistas profesionales entre los colonos hasta 1774, cuando las actas del Cabildo recogen la comisión de un retrato de Carlos III y el príncipe de Asturias. En la década de 1790, Joseph Furcoty, F. Godefroid, Joseph Herrera, Ambroise Prado y José Francisco Xavier de Salazar y Mendoza fueron retratistas muy solicitados en Nueva Orleans. Entre ellos, debemos destacar a Salazar, natural de Mérida, de quien aún existe gran parte de su obra. Sus cuadros de importantes líderes religiosos y civiles, como, por ejemplo, Andrés Almonester y Roxas, el obispo Luis Peñalver y Cárdenas, Père Antoine y el topógrafo real Carlos Laveau Trudeau, así como de ciudadanos de

El Exmo. Sr. Dn. Bernardo de Galvez, Conde de Galvez
Orden Española de Carlos III. Comendr. de Bolaños
itos, Inspector Gral. de todas las Tropas de Amerca.
idas, Virrey Governador y Capitan General
Caballero Pencionado de la Rl. y
en la de Calatraba, Teniente Genl. de los Rle
Capitan Gral. de la Prova. de la Luisiana y de
del Reyno de Nueva España, Prente. de

# Spotlight

As Viceroy of New Spain (current-day Mexico), Bernardo de Gálvez reflected the enlightened policies of Carlos III. He is best remembered as a military hero. However, he had diverse interests that extended to the arts, urban planning, and the new philosophies of the eighteenth century. In Mexico, he issued new and innovative rules governing theaters and musicians. His interest in painting and sculpture is reflected in his establishment of the Royal Academy of San Carlos in Mexico; he also undertook the completion of the Cathedral of Mexico and the restoration of Chapultepec Castle. At the same time, he gave large amounts of his personal fortune to alleviate hunger in Mexico during a famine and encouraged the nobility to do the same.

***Bernardo de Gálvez***
1785–86; oil on canvas
*courtesy of Secretaría de Cultura—INAH—México. Reproduction authorized by the Instituto Nacional de Antropología e Historia*

# Un Foco

Como virrey de Nueva España, hoy en día México, Bernardo de Gálvez ponía de manifiesto las políticas ilustradas de Carlos III. Aunque se le recuerda como héroe militar, entre sus intereses se encontraba el arte, el urbanismo y las nuevas corrientes filosóficas del siglo XVIII. En México, promulgó nuevas e innovadoras normas aplicables a los teatros y músicos. Su interés por la pintura y la escultura se ve reflejado en la fundación de la Real Academia de San Carlos en México. Así mismo, terminó la catedral de México y restauró el castillo de Chapultepec. Además, donó grandes sumas de dinero de su fortuna personal para paliar el hambre que sufrió México durante una hambruna e invitó a otros nobles a seguir su ejemplo.

***Bernardo de Gálvez***
1785–86; óleo sobre lienzo
*cortesía del Secretaría de Cultura—INAH—México. Reproducción Autorizada por el Instituto Nacional de Antropología e Historia*

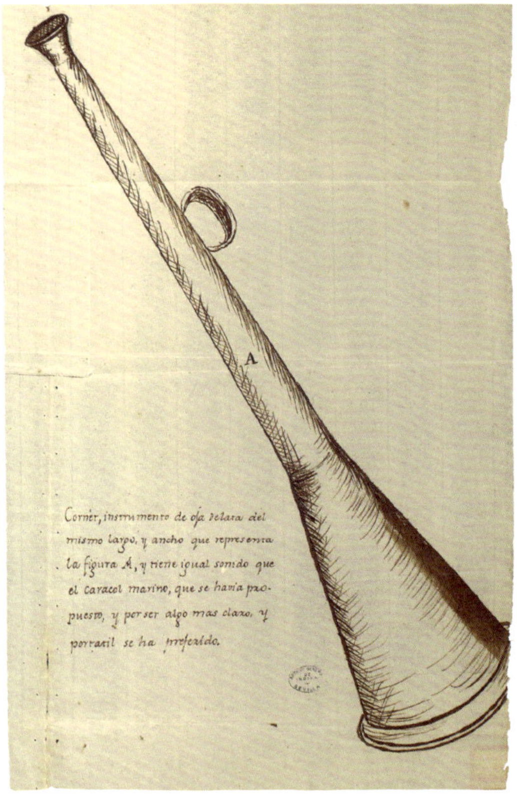


**Design of a military trumpet**
December 31, 1783
*courtesy of España. Ministerio de Cultura y Deporte. Archivo General de Indias, MP-Ingenios, 54*

---

**Diseño de una trompeta militar**
31 de diciembre de 1783
*cortesía de España. Ministerio de Cultura y Deporte. Archivo General de Indias, MP-Ingenios, 54*

menor alcurnia, no solo inmortalizaron a las personalidades de la era, sino que también fueron un reflejo de la cultura material, desde la ropa hasta los instrumentos musicales.

Otro elemento importante de la vida española era la celebración de actos, tanto seculares como religiosos. También en este caso, el registro archivístico es de un valor incalculable. Los informes de contabilidad existentes muestran el papel que desempeñaron estas celebraciones en la consolidación de la identidad española y la ratificación de la jerarquía. Además, dichos actos permitían a los oficiales locales invocar el favor real. Después del catastrófico incendio de 1788, no se escatimaron esfuerzos en los actos de conmemoración de la muerte de Carlos III. Pedro Pedesclaux, notario del Cabildo, escribió diligentemente la detallada cuenta de los actos celebrados el 22 de abril de 1789 que debía ser remitida a las autoridades en España. La humilde capilla del hospital se transformó con un túmulo imperial de terciopelo rojo con una corona y un centro de piedras preciosas de imitación. El 4 de mayo de 1789, esa misma capilla fue el escenario de la proclamación de los nuevos monarcas. Dicha proclamación fue un evento de tres días en los que se presentaron los retratos de Carlos IV y la reina María Luisa de Borbón y hubo conciertos, representaciones teatrales y bailes.

En los registros archivísticos también se encuentran los nombres de los primeros músicos de la época, como el del misterioso individuo conocido como Préjean, cuyos servicios fueron solicitados por el gobernador Miró. Según se dice, vivía cerca de Baton Rouge y era conocido por su talento como

spectators to sit on the stage, for instance, and establishing performance times in the evening as opposed to the afternoon.

In New Orleans, the first building specifically designated as a theater was constructed during the Spanish period. Parisian-born Jean-Louis Henry and Louis-Alexandre Henry purchased property on St. Peter Street in June 1791, and, on October 4, 1792, opened Le Spectacle de la Rue Saint Pierre or, as the local Spanish population called it, El Coliseo. The Cabildo issued rules for the operating hours of the box office, the size and placement of seating for officials, and spectator behavior — prohibiting interruptions, hissing, improper language, and smoking.

The first opera performed in New Orleans was André-Ernest-Modeste Grétry's *Sylvain*, on May 22, 1796. Indeed, if New Orleans is known today as the birthplace of jazz, it was similarly celebrated, two centuries ago, as an incubator of the operatic tradition. Opera flourished across the Spanish empire. The first opera composed in the Americas—*La Púrpura de la rosa*—was premiered in Lima in 1701, and Italian opera was presented in Mexico in 1711. Opera houses opened in Buenos Aires in 1757 and Havana in 1776. And although the circumstances concerning the selection of *Sylvain* for the New Orleans stage are unknown, Grétry himself was well known in the Spanish world. Two of his operas (*L'amant jaloux* and *L'inquisition de Madrid*) are set in Spain, and by 1791 his music was known in Havana.

Dance was another art to flourish in Spanish Louisiana, although here the archival record is primarily one of regulation rather than celebration. "As early as 1786, the law

violinista y sus habilidades con instrumentos de tecla. En 1783, Miró redactó una carta a José de Ezpeleta, capitán general en funciones de Cuba, informándole de que en Luisiana se necesitaban clarinetistas, trompetistas y un director musical. Las tropas militares debían contar con un tamborilero, un trompetista y un pífano. Sin embargo, es Bernardo de Gálvez, hoy en día recordado como héroe militar, el que merece ser reconocido como defensor de la música. Gálvez estaba enamorado del ballet y mandó construir salones de ensayos específicos para bailarines y también contrató a Vicente Llorca para que compusiera música de «estilo español» para la iglesia parroquial de San Luis. En México, ya como virrey, Gálvez publicó una serie de normas para los teatros, algunas de las cuales chocaban con la costumbre europea: se prohibió a los espectadores sentarse en el escenario y se fijaron horarios para las representaciones, siendo estas por la noche en lugar de por la tarde.

Durante el período español se construyó en Nueva Orleans el primer edificio diseñado específicamente como teatro. En junio de 1791, los parisinos Jean-Louis Henry y Louis-Alexandre Henry compraron una propiedad en la calle San Pedro y el 4 de octubre de 1792, se inauguró Le Spectacle de la Rue Saint Pierre o El Coliseo, como lo llamaban los españoles locales. El Cabildo dictó normas sobre el horario de la taquilla, el tamaño y ubicación de los asientos para los oficiales y el comportamiento que debían mantener los espectadores, a los que se les prohibía interrumpir, abuchear, fumar o utilizar lenguaje inadecuado.

El 22 de mayo de 1796, se representó la primera ópera en Nueva Orleans, *Sylvain*,

forbade slaves to dance in the public squares on Sundays and holy days until the close of evening service."[2] In the final years of the Spanish period, a visitor to New Orleans noted that on a Sunday, "vast numbers of negro slaves, men, women, and children, assembled together on the levee . . . dancing in large rings."[3] On the following Sunday, he witnessed "upwards of one hundred negroes of both sexes" dancing and singing on the levee.[4]

In the Spanish Americas, printing existed in Mexico City as early as 1539, and in Lima by 1582. Cities lucky enough to boast a printing press flourished economically and attracted residents. Yet printing presses were fragile, expensive, heavy, and very sensitive to dampness—and paper typically had to be imported. These challenges hampered the development of printing across the North American colonies; while Massachusetts had a press as early as 1639, the French did not establish a press in Montreal until 1776.

The first known New Orleans publication, dated 1764, announced that Louis XV had transferred the colony to Spain. Four publications predate the arrival of the first Spanish governor, Antonio de Ulloa, on March 5, 1766. Between that time and the time of the last known Spanish Louisiana publication (May 8, 1803), around fifty publications appeared. Of those, the vast majority were in French. Roughly twenty percent were bilingual in French and Spanish, and just a few were published solely in

2 Kmen, *Music in New Orleans*, 226.

3 Thwaites, *Early Western Travels*, 363.

4 Ibid., 366.

compuesta por André-Ernest-Modeste Grétry. Es más, si hoy día Nueva Orleans es conocida por ser la cuna del jazz, hace dos siglos lo era por ser incubadora de la tradición operística. La ópera floreció por todo el imperio español y en 1701 se estrenó en Lima la primera ópera compuesta en las Américas, *La púrpura de la rosa*. Diez años más tarde, en 1711, se representó una ópera italiana en México. En 1757 se inauguró el teatro de la ópera de Buenos Aires, y en 1776, el de La Habana. Si bien se desconocen las razones de la elección de *Sylvain* para que fuera representada en Nueva Orleans, hay que mencionar que Grétry era muy conocido en el mundo español. La trama de dos de sus óperas, *El amante celoso* y *La inquisición de Madrid*, se desarrollaban en España, y en 1791 su música ya era conocida en La Habana.

La danza fue otro arte que floreció en la Luisiana española, aunque en este caso el registro archivístico está principalmente relacionado con regulaciones más que con festejos. «Ya por 1786, la ley prohibía a los esclavos bailar en las plazas públicas los domingos y festivos religiosos hasta el fin del servicio nocturno»[2]. En los últimos años del período español, un visitante que llegó a Nueva Orleans observó que un domingo «un gran número de esclavos negros, hombres, mujeres y niños, se habían reunido en el dique . . . bailando en círculos»[3]. Al siguiente domingo, fue testigo de cómo «más de cien esclavos negros de ambos sexos» bailaban y cantaban en el dique[4].

2 Kmen, *Music in New Orleans*, 226.

3 Thwaites, *Early Western Travels*, 363.

4 Ibid., 366.

Spanish. Most of the publications of this period were government works that set forth policies touching on nearly every aspect of governance. The number of French-language publications serves as an important reminder of the fluidity among populations and languages. Spain understood that to govern in Louisiana, it was necessary to communicate—at least in part—in French. This multilingual phenomenon was not unique to Louisiana. Across the Spanish empire, publishers printed items in Latin, English, and Native American languages.

The first issue of a Louisiana newspaper, the *Moniteur de la Louisiane*, appeared on March 3, 1794. The first Spanish-language newspaper in the United States, *El Misisipi*, was published in New Orleans in 1808. By the early 1800s, New Orleans was home to twenty-three newspapers published in Spanish, more than any other city in the United States. The tradition of Spanish-language magazines and publications reached a height with *El Mercurio* (1911–27). Innovative in its use of beautiful full-color covers, this richly illustrated magazine—with articles by intellectuals such as Miguel de Unamuno—was considered a link between Latin America and Spain, via New Orleans.

The essays in this catalog, and the objects included in the exhibition, were selected to promote a greater understanding of Spanish colonial Louisiana. Among the diverse themes of the exhibition is the strong link—administrative, cultural, and economic—between New Orleans and the far larger and

En las Américas españolas, la imprenta ya existía en Ciudad de México en 1539 y llegó a Lima en 1582. Las ciudades que tenían la suerte de poder contar con una prensa de imprenta prosperaron económicamente y atrajeron residentes. No obstante, estas prensas eran frágiles, caras, pesadas y muy sensibles a la humedad. Además, era necesario importar el papel. Estos obstáculos dificultaron que se desarrollara la imprenta en las colonias de Norteamérica, y mientras que en Massachusetts se fundó una imprenta en 1639, los franceses no contaron con una en Montreal hasta 1776.

La primera publicación conocida de Nueva Orleans data del año 1764 y en ella se anunciaba que Luis XV había cedido la colonia a España. Se realizaron cuatro publicaciones más antes de la llegada del primer gobernador español, Antonio de Ulloa, el 5 de marzo de 1766. Entre esa época y la última publicación conocida de la Luisiana española, el 8 de mayo de 1803, se imprimieron cincuenta publicaciones. La gran mayoría estaban redactadas en francés; aproximadamente el veinte por ciento eran publicaciones bilingües en francés y español, y solo unas pocas se encontraban publicadas íntegramente en español. Gran parte de las publicaciones de este período eran escritos gubernamentales que establecían políticas sobre prácticamente cualquier aspecto de la gobernanza. El número de publicaciones en lengua francesa es un claro recordatorio de la fluidez entre los diferentes habitantes e idiomas. España comprendió que para gobernar Luisiana era necesario comunicarse, al menos parcialmente, en francés. Pero este fenómeno multilingüe no solo se daba en Luisiana, ya que en el imperio español, los

PLANTA Y DESCRIPCION DE LA YMPERIAL CIUDAD DE MEXICO. EN LA AMERICA.
A. Cathedral.
B. Palacio y Plazas.
C. Casas de Cavildo.
D. Arzobispado.
E. Inquisicion.
F. Casa de Moneda.
G. Casas del Estado.
H. Aduana.
I. Parroquia de S. Miguel
J. Parroquia de Sta Catharina M.
K. Parroquia de Sta Vera Cruz.
L. Sto Domingo
M. S. Francisco.
N. S. Diego.
O. S. Augustin
P. El Carmen.
Q. La Merced.
R. Casa Professa.
S. Bethlemitas.
S. S. Pedro y S. Pablo.
T. S. Andres.
V. S. Gregorio.
X. S. Juan de Dios.
Y. S. Ypolito.
Z. El Espiritu Sto
Conbentos de Monjas.
1 La Concepcion.
2 Regina.
3 Balbanera.
4 Jesus Maria.
5 S. Geronimo.
6 La Encarnacion.
7 S. Lorenzo.
8 Sta Ines.
9 S. Joseph de Gracia.
10 S. Bernardo.
11 Sta Teresa la Antigua.
12 Sta Teresa la Nueba.
13 Capuchinas.
14 Sta Brigida.
15 Sta Catharina de Sena.
16 Sta Clara.
17 S. Juan de la Penitencia
18 Sta Ysabel.
19 Corpus Christi.
20 SS. Trinidad.
21 S. Felipe Neri.
22 S. Juan de Letran.
23 Colegio de las Niñas.
24 Amor de Dios.
25 Hospital Real y Campo Sto.
26 Jesus Nazareno.
27 Monserrate.
28 La Misericordia.
29 Santiago Tlatelolco.
30 Santa Maria.
31 S. Pablo.
32 Sta Cruz.
33 S. Sebastian.
34 Santuario de la Piedad.
OCCIDENTE
SUR
ORIENTE
Se hallara en la Libreria de
Dn. Christoval de Zuñiga y Onti
año de 1760.

# Spotlight

As part of the Viceroyalty of New Spain, Louisiana reported to the Viceroy in Mexico City—one of many connections between colonial Louisiana and the Spanish Caribbean. This bird's-eye view of the city shows major buildings including the state house, mint, cathedral, palace, monasteries, and educational institutions.

# Un Foco

Como parte del Virreinato de Nueva España, Luisiana respondía ante el virrey de Ciudad de México, un ejemplo de los numerosos vínculos entre la Luisiana colonial y el Caribe español. La vista aérea de la ciudad muestra los edificios más importantes, como el capitolio, la casa de la moneda, la catedral, el palacio, los monasterios y los centros de enseñanza.

---

***Plan and Description of the Imperial City of Mexico, in America***
1760
by Carlos Lopez
*courtesy of the John Carter Brown Library*

---

***Planta y descripcion de la ymperial ciudad de Mexico, en la America***
1760
por Carlos Lopez
*cortesía de la John Carter Brown Library*

more important Spanish cities such as Havana, Mexico City, Santo Domingo, Santiago de Cuba, and Veracruz. As an outpost of the Spanish Enlightenment, city administration was reorganized in accordance with current practice—and in the wake of disaster, urban planning both expanded and gave the city a new face. The Mississippi River was critical to the defense and commerce of the city and region. The rudimentary system of fortifications was enhanced and the "Mississippi River Navy" developed. The efforts of Bernardo de Gálvez and others ensured that the region had a prominent role in the American Revolution, echoing Carlos III's admiration of George Washington.

Challenged by a lack of European population in the colony, Spanish officials encouraged immigration from New World outposts of the Spanish empire. Peninsular Spain itself had a relatively small population, and did not supply many émigrés. But others of European descent—including Acadians, Irish, Maryland Catholics, and Germans—came to call Louisiana home. Scientific advances in agriculture, combined with the expansion of the transatlantic slave trade, resulted in the growth of the nascent sugar and cotton industries. Whether or not it was faithfully implemented, Spanish law concerning the enslavement of Native American and African American people did have significant differences from French and British law. These divergences help to explain the growth of Spanish Louisiana's population of free people of color, as well as the region's large population of Native Americans today. The daily lives of these New Orleanians,

editores imprimían textos en latín, inglés y las lenguas de los nativos americanos.

El 3 de marzo de 1794, se publicó el primer periódico de Luisiana, el *Moniteur de la Louisiane*. El primer periódico en español de los Estados Unidos, *El Misisipi*, fue publicado en Nueva Orleans en 1808. Durante la primera mitad del siglo XIX, Nueva Orleans contaba con veintitrés periódicos en español, más que ninguna otra ciudad de los Estados Unidos. La tradición de publicaciones y revistas en lengua española alcanzó su culmen con *El Mercurio* (1911–1927). Esta revista espléndidamente ilustrada, con artículos escritos por intelectuales como Miguel de Unamuno, fue pionera en el uso de hermosas portadas a color y se consideraba un punto de unión entre Latinoamérica y España a través de Nueva Orleans.

Los ensayos publicados en este catálogo, así como las piezas que forman parte de la exposición, han sido seleccionados para fomentar un mejor entendimiento de la Luisiana colonial española. Entre los diferentes temas de la exposición, encontramos el fuerte vínculo administrativo, cultural y económico de Nueva Orleans con las ciudades más grandes e importantes de España, como La Habana, Ciudad de México, Santo Domingo, Santiago de Cuba y Veracruz. Como asentamiento de la Ilustración española, la administración de la ciudad se reorganizó de acuerdo con las prácticas del momento. Además, después de la catástrofe, se amplió la planificación urbana, lo que le dio una nueva imagen a la ciudad. El río Misisipi era muy importante para la defensa y el comercio de la ciudad y la región. Se mejoró el rudimentario sistema de fortificaciones y se fundó la Patrulla Fluvial del

and the city's constant interaction with the Caribbean and the greater Spanish empire, are documented in the surviving examples of material culture, maps, documents, and books presented in this exhibition.

ALFRED E. LEMMON, PHD
*Director, Williams Research Center,*
*The Historic New Orleans Collection*

Misisipi. Las iniciativas de Bernardo de Gálvez, entre otros, aseguraron que la región tuviera un papel importante en la Revolución de las Trece Colonias, reiterando así la admiración de Carlos III por George Washington.

Desafiados por una falta de población europea en la colonia, oficiales españoles impulsaron la migración desde los puestos de avanzada del imperio español. La España peninsular en sí misma tenía una población relativamente pequeña y no aportaba muchos migrantes. Sin embargo, otros descendientes de europeos, incluidos los acadios, irlandeses, católicos de Maryland y alemanes, eventualmente hicieron su hogar en Luisiana. Los avances científicos en la agricultura, junto con el aumento del comercio transatlántico de esclavos, dieron origen a las incipientes industrias del azúcar y el algodón. Fuera o no debidamente aplicada, la ley española de esclavización de los nativos americanos y afroamericanos difería significativamente de las leyes francesa e inglesa. Estas diferencias ayudan a explicar el crecimiento de la población de personas de color libres en la Luisiana española, así como la numerosa población de nativos americanos de hoy en día. El día a día de estos ciudadanos y la interacción constante de la ciudad con el Caribe y el gran imperio español se encuentran documentados en los objetos todavía existentes de cultura material, mapas, documentos y libros que se presentan en esta exposición.

DOCTOR ALFRED E. LEMMON
*Director del Williams Research Center,*
*la Historic New Orleans Collection*

# Bibliography / Bibliografía

Baade, Hans W. "The Law of Slavery in Spanish Luisiana, 1769-1803." In *Louisiana's Legal Heritage*, edited by Edward F. Haas and Robert R. Macdonald, 43–86. Pensacola, FL: Perdido Bay Press for Louisiana State Museum, 1983.

Bushee, Alice H. "Spanish Influence in the Southwest." *Hispania* 6, no. 3 (May 1923): 148–57.

Cummins, Light T. "The Hispanic Heritage of the Southern United States of America." *Revista de Historia de América* 105 (January–June 1988): 89–110.

Hanger, Kimberly S. "A Privilege and Honor to Serve: The Free Black Militia of Spanish New Orleans." *Military History of the Southwest* 21, no. 1 (Spring 1991): 59–86.

———. *Bounded Lives, Bounded Places: Free Black Society in Colonial New Orleans, 1769–1803.* Durham, NC: Duke University Press, 1997.

Kmen, Henry A. *Music in New Orleans: The Formative Years, 1791–1841.* Baton Rouge: Louisiana State University Press, 1966.

Lemmon, Alfred E. "Music and Art in Spanish Colonial Louisiana." In *The Spanish Presence in Louisiana*, edited by Gilbert C. Din: 433–45. Lafayette: Center for Louisiana Studies, University of Southwestern Louisiana, 1996.

———. "The Archival Legacy of Spanish Louisiana's Colonial Records." *American Archivist* 55, no. 1 (Winter 1992): 142–55.

———. "Spanish Louisiana: In the Service of God and His Most Catholic Majesty." In *Cross, Crozier, and Crucible: A Volume Celebrating the Bicentennial of a Catholic Diocese in Louisiana*, edited by Glenn R. Conrad: 16–29. New Orleans: Archdiocese of New Orleans in cooperation with Center for Louisiana Studies, 1993.

Moore, John Preston. "Antonio de Ulloa: A Profile of the First Spanish Governor of Louisiana." *Louisiana History* 8, no. 3 (Summer 1967): 189–218.

———. *Revolt in Louisiana: The Spanish Occupation, 1766–1770*. Baton Rouge: Louisiana State University Press, 1976.

Nasatir, Abraham P. *Spanish War Vessels on the Mississippi, 1792–1796*. New Haven, CT: Yale University Press, 1968.

Pérez, Louis A., Jr. "Cuba and the United States: Origins and Antecedents of Relations, 1760s-1860s." *Cuban Studies* 21 (1991): 57–82.

Ryan, Mary P. "'A Laudable Pride in the Whole of Us': City Halls and Civic Materialism." *American Historical Review* 105, no. 4 (October 2000): 1131–70.

Strang, Cameron B. *Frontiers of Science: Imperialism and Natural Knowledge in the Gulf South Borderlands, 1500–1850*. Chapel Hill: University of North Carolina Press, 2018.

Thwaite, Reuben Gold. *Early Western Travels, 1748–1846: A Series of Annotated Reprints of Some of the Best and Rarest Contemporary Volumes of Travel, Descriptive of the Aborigines and Social and Economic Conditions in the Middle and Far West, During the Period Of Early American Settlement.* Cleveland: The Arthur H. Clark Company, 1904–7.

Webre, Steven. "The Problem of Indian Slavery in Spanish Louisiana, 1769–1803." *Louisiana History* 25, no. 2 (Spring 1984): 117–35.

Weddle, Robert S. *The French Thorn: Rival Explorers in the Spanish Sea, 1682–1762*. College Station: Texas A&M University Press, 1991.

———. *Changing Tides: Twilight and Dawn in the Spanish Sea, 1763–1803*. College Station: Texas A&M University Press, 1995.

Wilson, Samuel, Jr. "Almonester: Philanthropist and Builder in New Orleans." In *The Architecture of Colonial Louisiana: Collected Essays of Samuel Wilson, Jr., F.A.I.A.*, edited by Jean M. Farnsworth and Ann M. Masson: 275–325. Lafayette: Center for Louisiana Studies, University of Southwestern Louisiana, 1987.

———. "Colonial Fortifications and Military Architecture in the Mississippi Valley." In *The Architecture of Colonial Louisiana: Collected Essays of Samuel Wilson, Jr., F.A.I.A.*, edited by Jean M. Farnsworth and Ann M. Masson: 41–68. Lafayette: Center for Louisiana Studies, University of Southwestern Louisiana, 1987.

———. "Architecture of the Vieux Carré." In *The Architecture of Colonial Louisiana: Collected Essays of Samuel Wilson, Jr., F.A.I.A.*, edited by Jean M. Farnsworth and Ann M. Masson: 326–329. Lafayette: Center for Louisiana Studies, University of Southwestern Louisiana, 1987.

———. "Early Aids to Navigation at the Mouth of the Mississippi River." In *The Architecture of Colonial Louisiana: Collected Essays of Samuel Wilson, Jr., F.A.I.A.*, edited by Jean M. Farnsworth and Ann M. Masson: 24–40. Lafayette: Center for Louisiana Studies, University of Southwestern Louisiana, 1987.

# Spotlight

An explorer, astronomer, naturalist, and bibliophile as well as governor, Antonio de Ulloa amassed an impressive library, international in scope. Its holdings include his own scientific work and related texts.

Ulloa's own *Noticias americanas* (*News of the Americas)* contains the results of much of his work comparing various regions in the Americas, including Louisiana. He reports on climates, geographies, flora, fauna, and Native peoples—including their customs, histories, and languages—among other subjects. The copy displayed here, with its exquisite binding, was a presentation copy destined for King Carlos III.

Ulloa and his colleague Jorge Juan, a Spanish scientist, cowrote the *Dissertacion historica, y geographica sobre el meridiano de demarcacion entre los dominios de España, y Portugal* [*Historical and Geographical Dissertation on the Boundary between the Dominions of Spain and Portugal*], which resolved the boundaries between Spain and Portugal in the New World. The book displayed here was Ulloa's personal copy, which remained in the family until acquired by The Historic New Orleans Collection.

Other holdings from Ulloa's library include this copy of the 1722 edition of Isaac Newton's *Arithmetica universalis*, a collection of the famed English scientist's lectures. Ulloa himself contributed to proving a Newtonian hypothesis: King Philip V appointed him to serve as one of two Spanish representatives on a French-sponsored six-year voyage to the equator, designed to take measurements that would eventually confirm the accuracy of Newton's theory of the shape of the earth.

# Un Foco

Como explorador, astrónomo, naturalista, bibliófilo y gobernador, Antonio de Ulloa recopiló una impresionante biblioteca que incluía obras internacionales. En ella también se encontraban sus trabajos científicos y textos relacionados.

Su obra *Noticias americanas* comprende los resultados de gran parte de su trabajo comparando las diferentes regiones de las Américas, incluyendo Luisiana. Habla sobre el clima, la geografía, la fauna, la flora y los pueblos nativos —incluidos sus idiomas, costumbres e historia—, entre otros temas. La copia expuesta aquí, con una elegante encuadernación, era una copia de presentación destinada al rey Carlos iii.

Ulloa y su compañero Jorge Juan, científico español, son coautores de *Dissertacion historica, y geographica sobre el meridiano de demarcacion entre los dominios de España, y Portugal*. Esta obra determinaba las fronteras entre España y Portugal en el Nuevo Mundo. El libro expuesto es una copia personal de Ulloa que fue propiedad de su familia hasta que fue adquirida por la Historic New Orleans Collection.

Entre los ejemplares de la biblioteca de Ulloa, encontramos esta copia de 1722 de *Arithmetica universalis* de Isaac Newton, una recopilación de las clases impartidas por el aclamado científico inglés. Ulloa contribuyó a demostrar las hipótesis de Newton gracias al nombramiento del rey Felipe V como uno de los dos representantes españoles en un viaje al ecuador de seis años de duración auspiciado por Francia. Esta misión tenía por objetivo tomar las medidas que más tarde confirmarían la teoría de Newton sobre la forma de la Tierra.

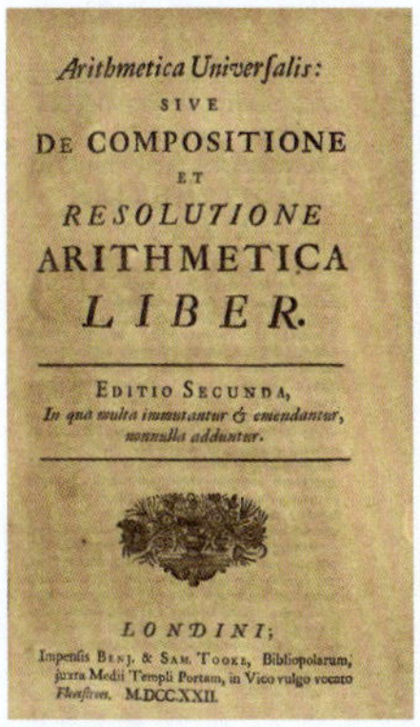

*Arithmetica Universalis:*
SIVE
DE COMPOSITIONE
ET
*RESOLUTIONE*
ARITHMETICA
*LIBER.*

EDITIO SECUNDA,
*In qua multa immutantur & emendantur, nonnulla adduntur.*

*LONDINI;*
Impensis BENJ. & SAM. TOOKE, Bibliopolarum, juxta Medii Templi Portam, in Vico vulgo vocato *Fleetstreet.* M.DCC.XXII.

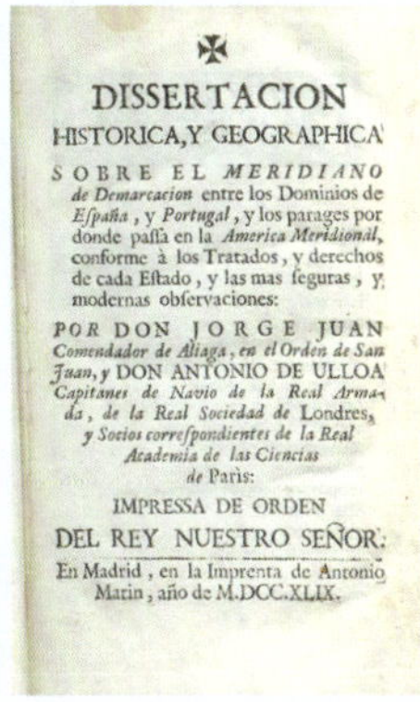

DISSERTACION
HISTORICA, Y GEOGRAPHICA
SOBRE EL *MERIDIANO de Demarcacion* entre los Dominios de *España*, y *Portugal*, y los parages por donde passa en la *America Meridionàl*, conforme à los Tratados, y derechos de cada Estado, y las mas seguras, y modernas observaciones:
POR DON JORGE JUAN *Comendador de Aliaga, en el Orden de San Juan*, y DON ANTONIO DE ULLOA *Capitanes de Navio de la Real Armada, de la Real Sociedad de* Londres, *y Socios correspondientes de la Real Academia de las Ciencias de* Paris:
IMPRESSA DE ORDEN
DEL REY NUESTRO SEÑOR:
En Madrid, en la Imprenta de Antonio Marin, año de M.DCC.XLIX.

***Arithmetica universalis . . .***
***[Universal Arithmetic . . .]***
by Isaac Newton
London: Benjamin and Samuel Tooke, 1722
*courtesy of Biblioteca de la Universidad de Sevilla*

---

***Historical and Geographical Dissertation on the Meridian Marking the Frontier between the Domains of Spain and Portugal, and the Lands through which It Passes in Central America, According to the Treaties and Rights of Each State, and the Surest and Most Modern Observations***
by Jorge Juan and Antonio de Ulloa
copy belonging to Antonio de Ulloa and his descendants
Madrid: Antonio Marin, 1749
*The Historic New Orleans Collection, acquisition made possible by the Richard Koch Fund, 2009.0004.2*

---

***News of the Americas: Physico-Historical Conversations on Central and North-East America. General Comparison of the Territories, Climates, and Productions of the Three Species, Vegetable, Animal, and Mineral . . .***
by Antonio de Ulloa
presentation copy prepared for Carlos III
Madrid: Francisco Manuel de Mena, 1772
*The Historic New Orleans Collection, acquisition made possible by the Richard Koch Fund, 2019.0132*

***Arithmetica universalis . . .***
***[La aritmética universal . . .]***
por Isaac Newton
Londres: Benjamin y Samuel Tooke, 1722
*cortesía de la Biblioteca de la Universidad de Sevilla*

---

***Dissertacion historica, y geographica sobre el meridiano de demarcacion entre los dominios de España, y Portugal, y los parages por donde passa en la America Meridionàl, conforme à los tratados, y derechos de cada estado, y las mas seguras, y modernas observaciones***
por Jorge Juan y Antonio de Ulloa
ejemplar perteneciente a Antonio de Ulloa y sus descendientes
Madrid: Antonio Marin, 1749
*The Historic New Orleans Collection, adquisición posible gracias a la Richard Koch Fund, 2009.0004.2*

---

***Noticias Americanas : entretenimientos phisicos-historicos, sobre la América Meridional, y la Septentrianal Oriental. Comparacion general de los territorios, climas, y produciones en las tres especies, vegetales, animales, y minerales . . .***
por Antonio de Ulloa
ejemplar de presentación impreso para Carlos III
Madrid: Francisco Manuel de Mena, 1772
*The Historic New Orleans Collection, adquisición posible gracias a la Richard Koch Fund, 2019.0132*

# Spotlight

Originally established by the French at the mouth of the Mississippi, the post of the Balize (or "Balise," French for "beacon") served as a point of entry for vessels coming up the river. When the original site proved to be sinking, the Spanish moved the post farther inland. These plans of the island of San Carlos and the post of the Balize represent the beginning of Spain's strong interest in protecting the Mississippi River.

# Un Foco

Originalmente establecido por los franceses en la desembocadura del Misisipi, el puesto de Balize (o Balise, que en francés significa baliza) era el punto de entrada de las naves que remontaban el río. Como el emplazamiento original se hundía, los españoles decidieron reubicar el puesto tierra adentro. Estos planos de la isla de San Carlos y del puesto de Balize son un ejemplo del comienzo del gran interés de España por salvaguardar el río Misisipi.

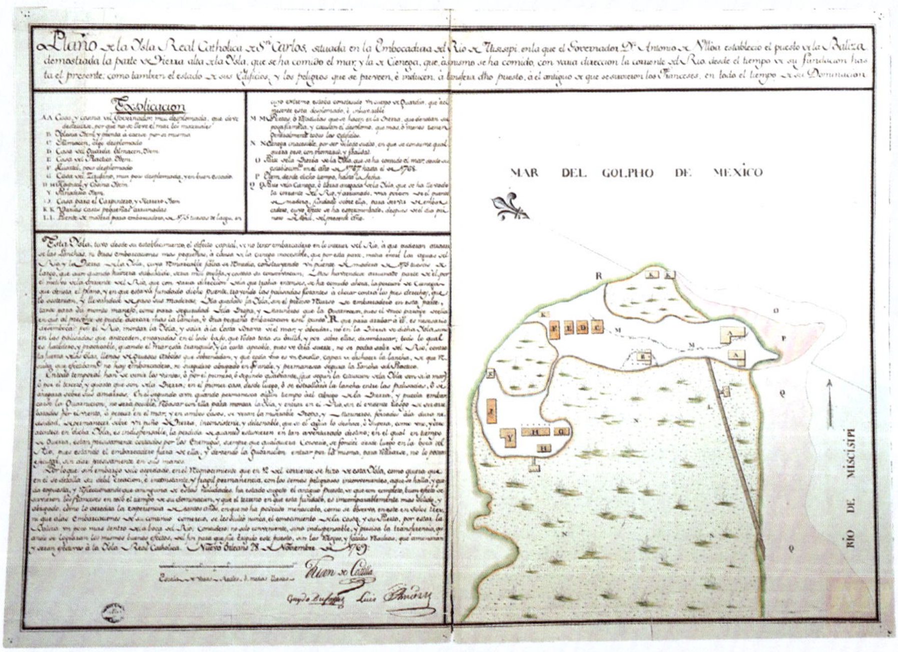


***Plan of the Royal Catholic Island of S[a]n Carlos, Located at the Estuary of the Mississippi, where the Governor D[o]n Antonio de Ulloa Established the Post of La Baliza . . .***
November 28, 1769
*courtesy of España. Ministerio de Cultura y Deporte. Archivo General de Indias, MP-Mexico, 250*

***Plano de la Ysla Real Cathólica de S[a]n Carlos, situada en la embocadura del Rio de Misisipi, en la que el Governador D[o]n Antonio de Ulloa establecio el puesto de la Baliza . . .***
28 de noviembre de 1769
*cortesía de España. Ministerio de Cultura y Deporte. Archivo General de Indias, MP-Mexico, 250*

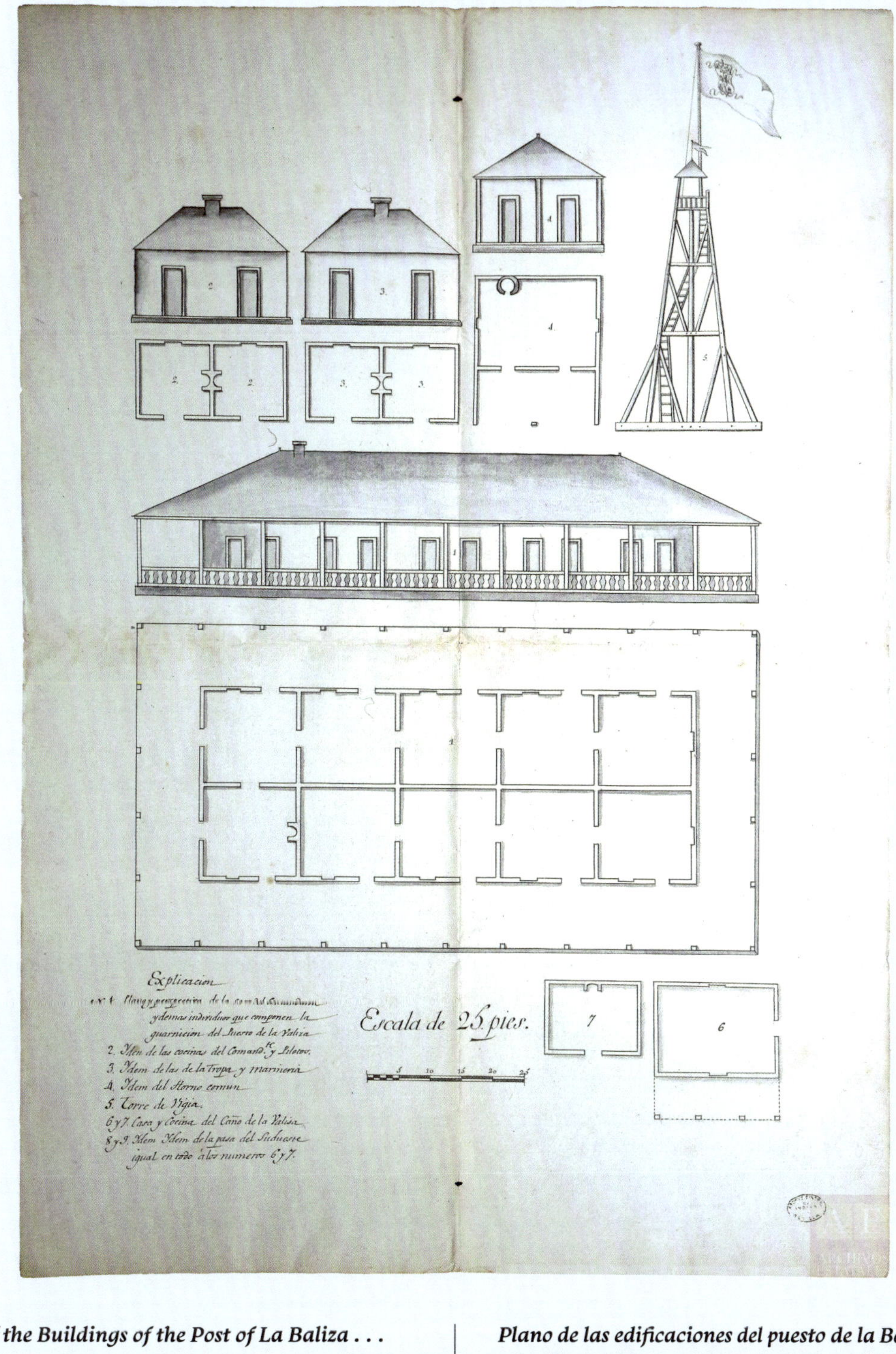


**_Plan of the Buildings of the Post of La Baliza . . ._**
February 12, 1787
*courtesy of España. Ministerio de Cultura y Deporte. Archivo General de Indias, MP-Florida_Luisiana, 110*

**_Plano de las edificaciones del puesto de la Baliza . . ._**
12 de febrero de 1787
*cortesía de España. Ministerio de Cultura y Deporte. Archivo General de Indias, MP-Florida_Luisiana, 110*

**Detail from *The Sailor Educated in the Art of Navigation: Speculative and Practical, According to the Method, as Taught to the Students of the Royal Seminary of Sr. San Telmo, Outside the City Walls of Seville***
by D. Francisco de Barreda
Seville, 1766
*The Historic New Orleans Collection, acquisition made possible through the Richard Koch Fund, 2018.0204*

**Detalle de *El marinero instruido en el arte de navegacion: speculativo, y practico, segun el mètodo, con que se enseña à los colegiales del Real Seminario de Sr. San Telmo, extra muros de la ciudad de Sevilla***
por D. Francisco de Barreda
Sevilla, 1766
*The Historic New Orleans Collection, adquisición posible gracias a la Richard Koch Fund, 2018.0204*

# New Orleans and the Spanish World

BY LIGHT TOWNSEND CUMMINS

New Orleans served as the capital of Spanish Louisiana from the conclusion of the Peace of Paris in 1763 until the Louisiana Purchase of 1803. This forty-year period of Spanish control came as an interlude between the longer French colonial era and the city's subsequent assimilation into the United States. As such, it is a time period during which New Orleans in the popular American mind suffers from a serious misconceptualization in our national story. This popular view holds that it was an urban place with an unenlightened government, economic restrictions, frontier isolation, and a general lack of culture, while also manifesting the unseemly attributes of a decaying port city offering a notable variety of unwholesome pleasures oriented to a transient seafaring population. According to that viewpoint, the Spanish period proved a time of relative stagnation as prosperity in the city waned, the Catholic Church engaged in hegemonic practices, and the overall development of Louisiana declined due to a

# Nueva Orleans y el mundo español

POR LIGHT TOWNSEND CUMMINS

Nueva Orleans fue la capital de la Luisiana española desde la firma del Tratado de París en 1763 hasta la compra de Luisiana en 1803. Los cuarenta años del dominio español llegaron como un receso entre la era colonial francesa y la posterior anexión a Estados Unidos. Como tal, es un período en el que, según el pensamiento popular estadounidense, Nueva Orleans sufre una fuerte descontextualización en lo que respecta a la historia nacional. Según este pensamiento popular, se trataba de una zona urbana con un gobierno anticuado y que sufría restricciones económicas. Una zona aislada por sus fronteras y con una falta general de cultura. Al mismo tiempo, se expresaban los atributos indecorosos de una ciudad portuaria que ofrecía una amplia variedad de placeres perniciosos orientados a una población errante formada por marineros. Según ese punto de vista, la época española fue un período de relativo estancamiento, ya que la prosperidad disminuía en la ciudad, la Iglesia Católica se dedicaba a llevar a cabo prácticas hegemónicas

variety of factors including governmental mismanagement, failure of commerce to keep pace with economic change, and policy makers in Spain manifesting a general lack of interest in the city.

However, modern historical research shows this to be an inaccurate and simplistic historical understanding of Spanish colonial New Orleans. Instead, the city constituted an important outpost of the Enlightenment in the Americas during the late eighteenth century. Spain participated in the enlightened spirit of the era with increased emphasis on reason, progress, the expansion of scientific knowledge, advancement, and a reformist impulse. In Spain, Benito Feijoo, Gaspar de Jovellanos, Fausto Delhuyar, and Antonio de Ulloa all emerged as Enlightenment thinkers during the late eighteenth century. King Carlos III in particular embraced much Enlightenment thought and left a significant progressive imprint of change on Spain that continues to this day. As part of his commitment to the new ways of thinking, Carlos III implemented a significant number of improvements which today are known as the Bourbon reforms. These constituted major political, economic, and intellectual realignments both for Spain and for her colonial possessions. In the Americas, the Bourbon reforms revitalized colonial economies, streamlined government, and implemented many new progressive measures in addition to marking the appearance of several new colonies, including Louisiana. The Spanish also expanded into California as part of the reforms, founding the town of San Francisco in 1776, while they revamped their presence in Arizona. These changes extended to imperial administration in the areas of improved financial

y el desarrollo general de Luisiana disminuía debido a una variedad de factores entre los que se incluyen la mala gestión del gobierno, el fracaso del comercio para adaptarse a los cambios económicos y la falta de interés por la ciudad manifestada por los legisladores españoles.

Sin embargo, las investigaciones históricas modernas muestran que este pensamiento es una concepción histórica errónea y simplista de la Nueva Orleans española. Más bien hablamos de lo contrario: la ciudad se constituyó como un punto muy importante en la Ilustración de las Américas a finales del siglo XVIII. España participó en este espíritu ilustrado de la época haciendo especial hincapié en la razón, el progreso, el desarrollo del conocimiento científico, el fomento y en el impulso reformista. A finales del siglo XVIII, Benito Feijoo, Gaspar de Jovellanos, Fausto Delhuyar y Antonio de Ulloa destacaban como pensadores ilustrados en España. En especial, Carlos III adoptó la Ilustración de tal forma que dejó en España una importante huella de cambio progresista que perdura hoy en día. Como parte de su compromiso con estas nuevas formas de pensamiento, Carlos III implementó un significativo número de mejoras que se conocen como las reformas borbónicas. Estas reformas dieron lugar a importantes reordenaciones políticas, económicas e intelectuales tanto en España como en sus posesiones coloniales. En las Américas, las reformas borbónicas impulsaron la economía de las colonias, crearon un gobierno más eficiente y pusieron en práctica nuevas medidas progresistas, además de destacar la aparición de nuevas colonias, entre ellas Luisiana. Como parte de estas reformas, los españoles llegaron también hasta

accounting all across the Spanish government along with efforts to modernize the military. These reforms also included a reorganization of the northern frontier of New Spain, the revamping of the financial systems in many New World colonies, and institution of clerical regulation, including the expulsion of the Jesuit Order from Spain and all her possessions. The transfer of Louisiana from France to Spain at the Peace of Paris (1763) brought the province into the Spanish system just as the Enlightenment began to flower both on the Iberian Peninsula and in Spain's New World possessions.

Louisiana thus became an interesting experiment for the Spanish because it involved the first time a major European possession in the Americas, already settled and functioning by another power, had been incorporated into Spain's colonial empire. And Spain did so within the emerging context of the Enlightenment. King Carlos III and his advisors at court, especially the reform-minded Conde de Floridablanca, realized flexibility would be key to providing social control and sound government for the province. Already inclined toward Enlightenment ideals, the Spanish king and his advisors also understood such forces were already at work among the French population in Louisiana and at New Orleans. For that reason, many of the governors of Louisiana based at New Orleans had impeccable Enlightenment attitudes and worked diligently to improve the colony along reformist lines. The Spanish also realized that commerce and economic development at New Orleans had to be modernized. This involved abandoning the mercantilistic assumptions which had previously determined the nature

California, donde en 1776 fundaron la ciudad de San Francisco al mismo tiempo que renovaban su presencia en Arizona. Estos cambios también se aplicaron en la administración imperial en lo que respecta a la mejora de la contabilidad financiera en todo el gobierno español, así como con los esfuerzos para modernizar el ejército. Las reformas incluían la reorganización de la frontera norte de Nueva España, la reforma del sistema financiero en las colonias del Nuevo Mundo y la reforma del clero, incluida la expulsión de los jesuitas de España y de todas sus posesiones en ultramar. Con la firma del Tratado de París en 1763, Francia cede Luisiana a España, lo que conlleva que la provincia pase a formar parte del sistema español justo cuando la Ilustración comenzaba a florecer en la península ibérica y en las posesiones españolas del Nuevo Mundo.

De este modo, Luisiana se convirtió en un interesante experimento para los españoles, ya que era la primera vez que se incorporaba al imperio colonial español una importante posesión europea en las Américas que previamente había sido fundada y dirigida por otra potencia, todo ello a principios de la Ilustración. Carlos III y sus consejeros de la corte, en particular el reformista conde de Floridablanca, se dieron cuenta de que la flexibilidad sería un factor clave para dotar a la provincia de un control social y un gobierno sólido. Tras haber mostrado ya su atracción por los ideales liberales, el rey y sus consejeros comprendieron que dichos valores ya se estaban poniendo en práctica en Luisiana y en Nueva Orleans entre la población francesa. Por este motivo, muchos de los gobernadores de Luisiana que residían en Nueva Orleans tenían actitudes

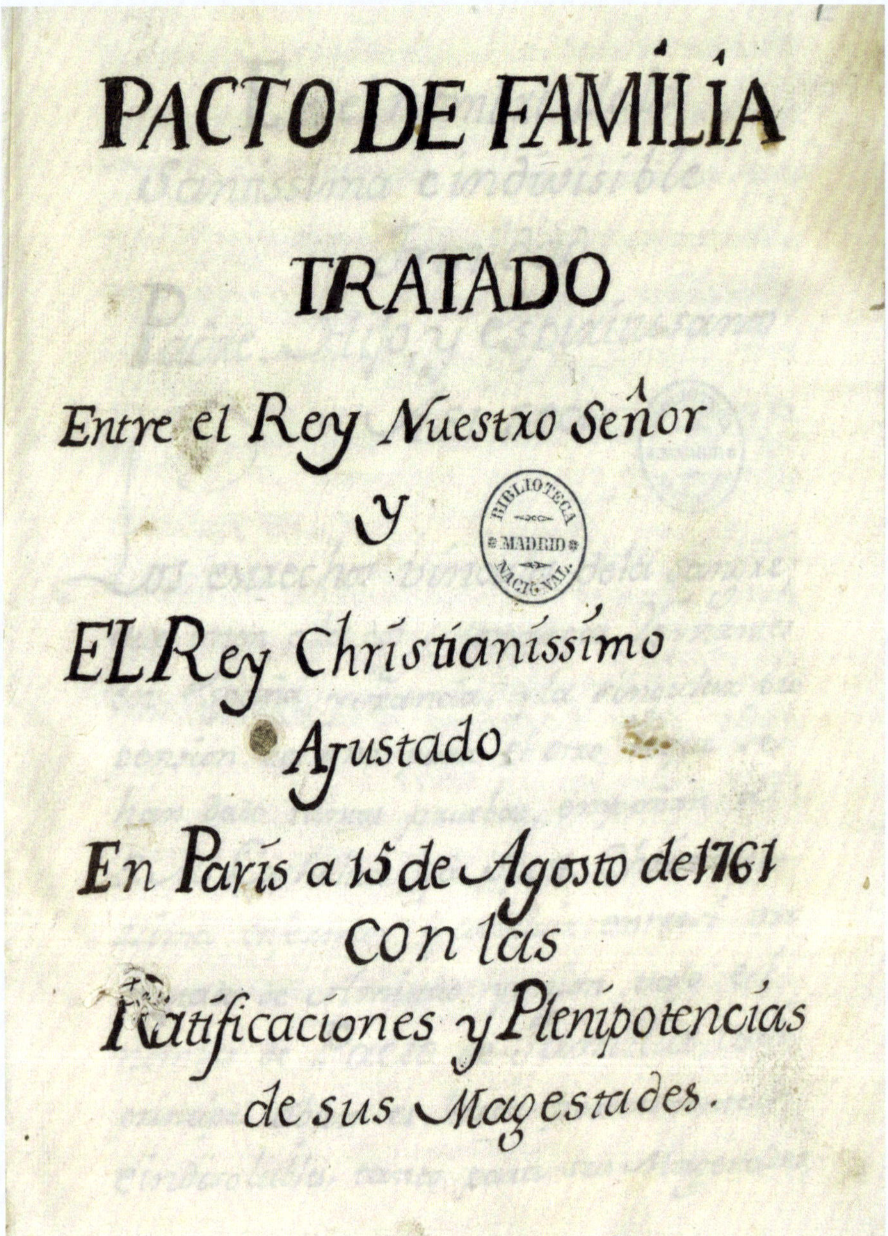
PACTO DE FAMILIA

TRATADO

Entre el Rey Nuestro Señor

y

EL Rey Christianissimo

Ajustado

En Paris a 15 de Agosto de 1761

con las

Ratificaciones y Plenipotencias

de sus Magestades.



**The Family Pact Signed by Carlos III of Spain and Louis XV of France**
1761
*courtesy of Biblioteca Nacional de España*

**Pacto de familia tratado entre el rey nuestro señor Carlos III y el rey cristianísimo Luis XV**
1761
*cortesía de la Biblioteca Nacional de España*

# Spotlight

A series of family pacts (1733, 1743, and 1761) cemented the relations between the Bourbon monarchs of France and Spain. During the period of French rule in Louisiana, these pacts ensured that France would have access to Spanish ports in the Gulf of Mexico and Caribbean. They also made the region's eventual transfer from France to Spain far easier.

In July 1762, preliminary versions of the Treaty of Paris, which ended the French and Indian War, made it clear that France would lose the land east of the Mississippi River to England. Only the "Isle of Orleans," an area roughly the equivalent of the present-day greater metropolitan area of New Orleans, would remain in French hands. The negotiations between France, Spain, and England concerned not only Louisiana, but Florida, Cuba, and Puerto Rico. While Spain did not want to lose Florida, it also did not want England to gain access to the Gulf of Mexico via the Mississippi River. Finally, on the morning the preliminary articles of peace were to be signed (November 3, 1762), France's primary negotiator informed his Spanish counterpart that France was willing to give Louisiana to Spain to compensate for Spain's loss of Florida. Louis XV personally wrote a letter to Carlos III, who was initially unenthusiastic but eventually agreed. Thus Louisiana passed from the Bourbon French to the Bourbon Spanish.

# Un Foco

Los Pactos de Familia, el primero en 1733, el segundo en 1743 y el tercero y último en 1761, consolidaron las relaciones entre los monarcas Borbones de Francia y España. Durante la época de gobierno francés en Luisiana, estos pactos garantizaban el acceso de Francia a los puertos españoles situados en el golfo de México y el Caribe. Así mismo, facilitaron considerablemente la posterior cesión de la región a España por parte de Francia.

En julio de 1762, las versiones preliminares del Tratado de París, que puso fin a la guerra francoindia, dejaban claro que Francia perdería las tierras al este del río Misisipi en favor de Inglaterra. Solamente la Isla de Orleans, un área que podría ser equivalente a la actual gran área metropolitana de Nueva Orleans, quedaría en manos francesas. Las negociaciones entre Francia, España e Inglaterra no solo trataban sobre Luisiana, sino también incluían Florida, Cuba y Puerto Rico. España no quería perder Florida ni que Inglaterra pudiera acceder al golfo de México a través del río Misisipi. Finalmente, en la mañana del 3 de noviembre de 1762, cuando los acuerdos preliminares de paz debían ser firmados, el principal negociador de Francia informó a su homólogo español que Francia estaba dispuesta a cederles Luisiana como compensación por la pérdida de Florida. Luis XV escribió de su puño y letra una carta a Carlos III, quien, si bien al principio no se encontraba muy entusiasmado con la idea, acabó aceptando dicha cesión. De esta forma, Luisiana pasó de los Borbones franceses a los Borbones españoles.

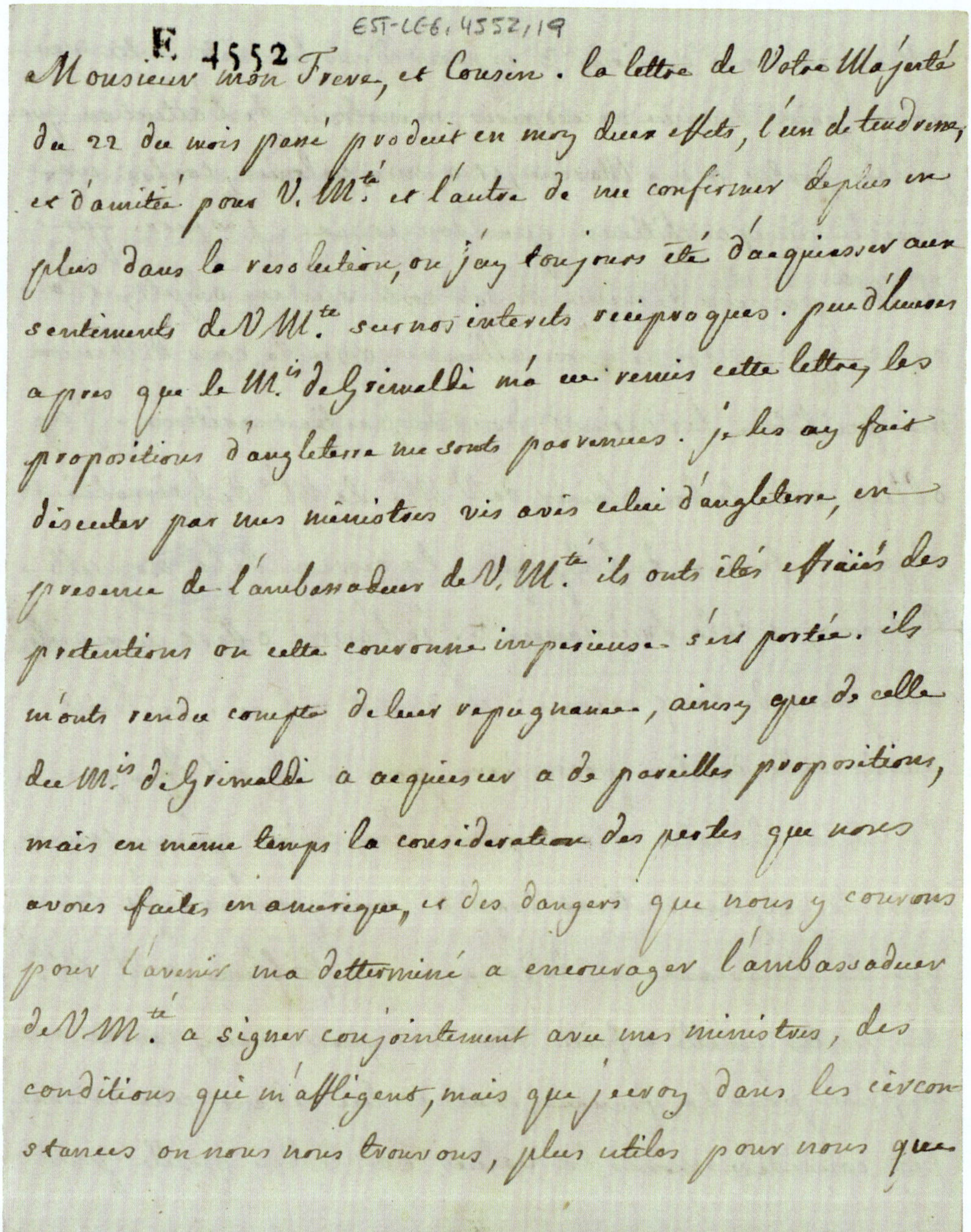

E 4552 EST-LEG,4552,19

Monsieur mon Frere, et Cousin. la lettre de Votre Majesté
du 22 du mois passé produit en moy deux effets, l'un de tendresse
et d'amitié pour V. M.té et l'autre de me confirmer de plus en
plus dans la resolution, ou j'ay toujours été d'acquiesser aux
sentiments de V.M.té sur nos interets reciproques. peu d'heures
apres que le M.is de Grimaldi m'a eu remis cette lettre, les
propositions d'angleterre me sont parvenues. je les ay fait
discuter par mes ministres vis avis celui d'angleterre, en
presence de l'ambassadeur de V.M.té ils ont étés effraiés des
pretentions ou cette couronne imperieuse s'est portée. ils
m'ont rendu compte de leur repugnance, ainsy que de celle
du M.is de Grimaldi a acquiescer a de pareilles propositions,
mais en même temps la consideration des pertes que nous
avons faites en amerique, et des dangers que nous y courons
pour l'avenir m'a determiné a encourager l'ambassadeur
de V.M.té a signer conjointement avec mes ministres, des
conditions qui m'affligent, mais que je croy dans les circon
stances ou nous nous trouvons, plus utiles pour nous que

**Letter of Louis XV to Carlos III offering Louisiana**
1762
*courtesy of España. Ministerio de Cultura y Deporte. Archivo General de Simancas, EST,LEG,4552,19*

**Carta de Louis XV dirigida a Carlos III oferta de la Luisiana**
1762
*cortesía de España. Ministerio de Cultura y Deporte. Archivo General de Simancas, EST,LEG,4552,19*

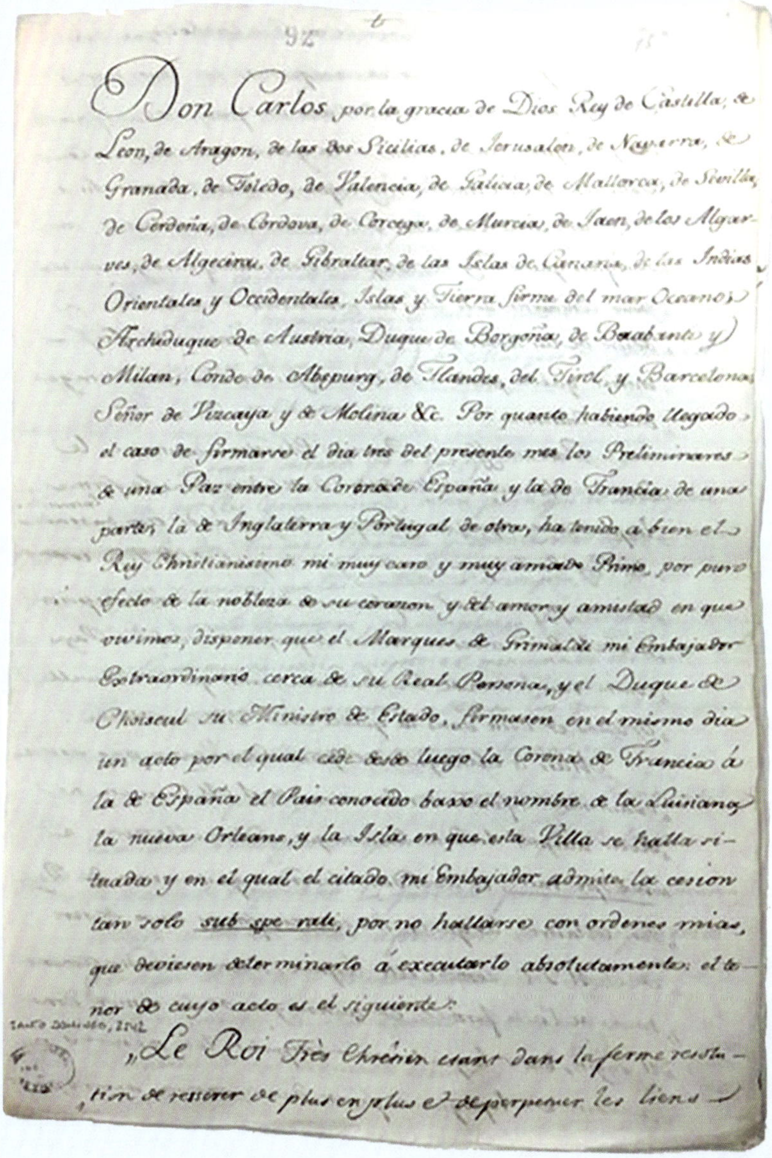

Don Carlos por la gracia de Dios Rey de Castilla, de
Leon, de Aragon, de las dos Sicilias, de Jerusalem, de Navarra, de
Granada, de Toledo, de Valencia, de Galicia, de Mallorca, de Sevilla,
de Cerdeña, de Cordova, de Corcega, de Murcia, de Jaen, de los Algar-
ves, de Algeciras, de Gibraltar, de las Islas de Canaria, de las Indias
Orientales y Occidentales, Islas y Tierra firme del mar Oceano,
Archiduque de Austria, Duque de Borgoña, de Brabante y
Milan, Conde de Abspurg, de Flandes, del Tirol, y Barcelona,
Señor de Vizcaya y de Molina &c. Por quanto habiendo llegado
el caso de firmarse el dia tres del presente mes los Preliminares
de una Paz entre la Corona de España y la de Francia de una
parte, la de Inglaterra y Portugal de otra, ha tenido a bien el
Rey Christianisimo mi muy caro y muy amado Primo, por puro
efecto de la nobleza de su corazon y del amor y amistad en que
vivimos, disponer que el Marques de Grimaldi mi Embajador
Extraordinario cerca de su Real Persona, y el Duque de
Choiseul su Ministro de Estado, firmasen en el mismo dia
un acto por el qual cede desde luego la Corona de Francia á
la de España el Pais conocido baxo el nombre de la Luisiana,
la nueva Orleans, y la Isla en que esta Villa se halla si-
tuada y en el qual el citado mi Embajador admite la cesion
tan solo sub spe rati, por no hallarse con ordenes mias,
que deviesen determinarlo á executarlo absolutamente: el te-
nor de cuyo acto es el siguiente:

„Le Roi Très Chrétien étant dans la ferme résolu-
tion de resserrer de plus en plus et de perpetuer les liens —

**Copy of the Royal Provision of Acceptance for the cession of the province of Louisiana to Spain bestowed by the duke of Choiseul, in the name of Louis XV, king of France, and received by the marquis of Grimaldi, in the name of Carlos III, king of Spain**
November 2 and 23, 1762
*courtesy of España. Ministerio de Cultura y Deporte. Archivo General de Indias, Santo_Domingo, 2542A*

**Copia de la Real provision de aceptación de la cesió de la provincial de Luisiana a España, otorgada por el duque de Choiseul, en nombre de Luis V, rey de Francia, y recibida por el marqués de Grimaldi, en nombre de Carlos III, rey de España**
2 y 23 de noviembre de 1762
*cortesía de España. Ministerio de Cultura y Deporte. Archivo General de Indias, Santo_Domingo, 2542A*

of commerce in favor of new regulations promoting free trade.

Several government decrees would implement these changes during the Spanish era, a period which witnessed an expansion of private trade and the commercial economy. The creation of the *asiento* (a legal contract) in Cuba permitted the easy importation of enslaved people into the Spanish colonial imperium. Additionally, new agricultural crops such as sugar brought renewed economic vitality to the circum-Caribbean, something in which Spanish Louisiana would soon participate. As well, the Spanish encouraged immigration to the colony and dramatically increased the import of enslaved people from Africa, which resulted in an increasingly diverse population in terms of religion, national origin, and value systems. This meant, in reality, New Orleans was not really "Spanish" in its dominant population, thereby belying some of the orientations which have been subsequently assumed by later historians.

The diversity of this polyglot population had several sources. A considerable number of French people lived in the colony at the time Spain took control, as did thousands of Germans who had been welcomed during the period of French domination. Large numbers of French-speaking Acadians also came to Louisiana as new residents. Interestingly, as a port city, New Orleans also attracted Jewish residents engaged in mercantile pursuits, a rarity during the late eighteenth century. The proximity of English-speaking colonies also brought individuals from those areas to Louisiana. Spanish New Orleans therefore existed as a sophisticated city of diverse orientation fully in tune with many

ilustradas impecables y trabajaban con diligencia para mejorar la colonia siguiendo líneas reformistas. Los españoles fueron conscientes de que el desarrollo comercial y económico de Nueva Orleans tenía que modernizarse, por lo que dejaron de lado las suposiciones mercantilistas que habían determinado la naturaleza del comercio para adoptar nuevas normas que promovían el libre comercio.

Estos cambios se ejecutarían a través de varios decretos durante la era española, período que fue testigo de la expansión del comercio privado y de la economía comercial. La creación del asiento como contrato legal en Cuba facilitó la importación de personas esclavizadas al imperio colonial español. Además, los nuevos campos de cultivo, como los del azúcar, trajeron consigo una vitalidad económica renovada a la región del Caribe, algo de lo que pronto formaría parte la Luisiana española. Por su parte, España fomentó la inmigración a la colonia e incrementó de forma drástica la importación de personas esclavizadas africanas, resultando en una población cada vez más diversa en cuanto a religiones, nacionalidades y sistemas de valores. En realidad, esto significaba que la población predominante en Nueva Orleans no era española, lo que contradice algunas de las tendencias asumidas por historiadores posteriores.

La diversidad de esta población políglota provenía de orígenes dispares. Un considerable número de franceses vivía en la colonia en el momento en el que pasó a manos españolas. Así mismo ocurría con los alemanes, acogidos en tiempos de la dominación francesa. Un gran número de acadianos francófonos llegaron a Luisiana

of the profound intellectual changes taking place in Europe at the time. It had become a cosmopolitan city by the final decades of the eighteenth century, with educated members of the populace in touch with the mainstream currents of the Atlantic world.

The Enlightenment attributes of New Orleans can be seen clearly in the background, orientations, and accomplishments of several significant governors who led the colony from New Orleans, especially Antonio de Ulloa, Alejandro O'Reilly, and Bernardo de Gálvez. Of these, Antonio de Ulloa had the most impeccable credentials as a person of the Enlightenment. A native of Seville, he embarked on a naval career as a young man while manifesting an ingrained interest in scientific endeavors. This resulted in his being assigned to travel with a French expedition that had the permission of the Spanish king to conduct observations in South America. Ulloa remained there for almost a decade while he engaged in scientific endeavors. Among his activities, he helped to isolate for the first time the element platinum, measured the median arc at the equator, and wrote an important book entitled *A Voyage to South America*. While visiting London, he became a member of the Royal Society and befriended a number of English intellectuals. The Royal Swedish Academy of Science also inducted him as a corresponding member. In the late 1750s, the Spanish king appointed him governor of Huancavelica in Peru, whose mines constituted Spanish America's largest

como nuevos residentes. Curiosamente, al tratarse de una ciudad portuaria, Nueva Orleans también atrajo a residentes judíos que desarrollaban actividades comerciales, una rareza considerando que se trataba de finales del siglo XVIII. La proximidad a las colonias anglófonas también atrajo a personas de dichas zonas a Luisiana. Por lo tanto, la Nueva Orleans española era una sofisticada ciudad de diversas orientaciones que se encontraba en plena consonancia con los profundos cambios intelectuales que acontecían en Europa por aquella época. A finales del siglo XVIII, Nueva Orleans se había convertido en una ciudad cosmopolita con una población culta en contacto con las principales corrientes del mundo atlántico.

Las características ilustradas de Nueva Orleans se pueden observar de forma clara en su trasfondo, orientaciones y los logros conseguidos por importantes gobernadores que lideraron la colonia desde Nueva Orleans, entre los que cabe destacar a Antonio de Ulloa, Alejando O'Reilly y Bernardo de Gálvez. Entre ellos, Antonio de Ulloa contaba con la trayectoria más impecable como ilustrado. Natural de Sevilla, comenzó su carrera naval muy joven a la vez que manifestaba un profundo interés en las labores científicas, que lo llevó a participar en una expedición francesa con el beneplácito del rey de España para llevar a cabo estudios en Sudamérica. Ulloa permaneció allí casi una década mientras se dedicaba a tareas de investigación. Entre sus

# Spotlight

After succeeding to the Spanish throne in 1759, Carlos III made it his mission to reform Spain and make it a first-rate power once more. He sought to restore the nation's strength by reforming its government agencies. His dedication to government reform and his thoughtful selection of advisors and ministers were hallmarks of his reign. His knowledge and skills attracted the attention of international observers, and he established friendships with leaders of the American Revolution, especially George Washington.

Andrés de la Calleja (1705–1785) prepared this copy of a famous portrait of Carlos III by Anton Raphael Mengs (1728–1779). As a young artist, Calleja worked in the workshop of Louis Michel van Loo. Later, he restored paintings that were damaged in the fire that destroyed the Alcázar of Madrid in 1734. Calleja spent much of his life copying paintings of the royal family to be sent to various Spanish institutions, including this work, which he donated to the Royal Academy in 1777. The armor is a symbol of Carlos III's role as a military leader; his French heritage is shown by the badge of the Ordre du Saint-Esprit, established by Henry III of France in 1578; and his service as king of Naples is recalled by the insignia of the Insigne Real Ordine di San Gennaro.

---

***Carlos III***
after 1761; oil on canvas
by Andrés de la Calleja, after Anton Raphael Mengs
*courtesy of Museo de la Real Academia de Bellas Artes de San Fernando. Madrid*

# Un Foco

Tras su llegada al trono español en 1759, Carlos III tuvo por objetivo reformar España y volver a convertirla en la extraordinaria potencia que fue. Quería restablecer la fuerza de la nación reformando sus organismos públicos. Su entrega a la reforma del gobierno y su cautela a la hora de elegir a los consejeros y ministros fueron los distintivos de su reinado. Sus conocimientos y aptitudes llamaron la atención de observadores internacionales. Además, entabló amistad con líderes de la Revolución de las Trece Colonias, en especial con George Washington.

Andrés de la Calleja (1705–1785) realizó esta copia de un famoso retrato de Carlos III, obra de Anton Raphael Mengs (1728–1779). Siendo un artista novel, Calleja trabajó en el taller de Louis-Michel van Loo. Luego, pasó a restaurar las obras dañadas por el incendio que destruyó el Alcázar de Madrid en 1734. Durante gran parte de su vida, Calleja se dedicó a reproducir los cuadros de la familia real que serían enviados a diferentes instituciones españolas, como esta obra, que él mismo donó a la Real Academia de Bellas Artes de San Fernando en 1777. La armadura que porta Carlos III es símbolo de su papel como líder militar. Su herencia francesa aparece representada con la medalla de la Orden del Espíritu Santo, fundada por Enrique III de Francia en 1578. La insignia de la Ilustre Real Orden de San Genaro representa su cargo como rey de Nápoles.

---

***Carlos III***
después de 1761; óleo sobre lienzo
por Andrés de la Calleja, después Anton Raphael Mengs
*cortesía del Museo de la Real Academia de Bellas Artes de San Fernando. Madrid*

source of quicksilver, or mercury, a mineral essential for lead production along with other industrial uses. His successes there resulted in him becoming the first governor of Spanish Louisiana when it came under the sovereignty of Carlos III after the Peace of Paris (1763).

Ulloa arrived in Louisiana in 1766 to preside over a politically troubled colony, many of whose French residents did not wish to become Spanish subjects. This created a series of circumstances that doomed his leadership even as it was beginning, the end coming unexpectedly with a revolt at New Orleans against his authority as governor. In October 1768, rioters in the city forced Ulloa to abandon Louisiana and return to Spain. The net impact of his governorship, therefore, was unremarkable and has been almost uniformly characterized as failure by historians. And, in terms of concrete accomplishments, Ulloa's tenure in the province was certainly that. However, almost all historians who have written about Ulloa have failed to comment on the salient lesson to be learned by his tenure; namely, it represented on the part of the Spanish a commitment to the Enlightenment ideals for which he stood. Ulloa's appointment as governor can be seen in retrospect as evidence supporting ideas of progress and reform that high-level Spanish policy makers felt necessary for the Louisiana colony.

This same Enlightenment context informed the career of General Alejandro O'Reilly, who succeeded Ulloa as governor to establish Spanish rule. While Ulloa is viewed as a failure, O'Reilly, who followed him, is seen as a harsh and cruel authoritarian in the popular historical view of Spanish Louisiana. "Bloody

labores, ayudó a aislar el platino por primera vez en la historia, midió el arco meridiano en el ecuador y escribió un importante libro titulado *Relación histórica del viage a la América Meridional*. Durante su visita a Londres, se convirtió en miembro de la Real Sociedad de Londres para el Avance de la Ciencia Natural y entabló amistad con varios intelectuales ingleses. Por otro lado, la Real Academia de las Ciencias de Suecia también lo incorporó como miembro. A finales de la década de 1750, el rey español lo nombró gobernador de Huancavelica (Perú), cuyas minas eran la principal fuente de azogue, hoy en día mercurio, en la América española. Se trataba de un mineral esencial para la producción de plomo y otros usos industriales. Su éxito en aquella zona lo llevó a convertirse en el primer gobernador español de Luisiana cuando esta pasó a estar bajo la soberanía de Carlos III tras la firma del Tratado de París en 1763.

En 1766, Ulloa llegó a Luisiana para dirigir una colonia turbulenta en el ámbito político, ya que muchos de sus residentes franceses no deseaban convertirse en súbditos españoles. Esta negativa resultó en una serie de circunstancias que condenaron su liderato aun cuando este apenas había comenzado, terminando de forma inesperada con una insurrección en Nueva Orleans contra su autoridad como gobernador. En octubre de 1768, los agitadores obligaron a Ulloa a abandonar Luisiana y volver a España. Por todo ello, el impacto real de su liderato fue apenas destacable, siendo calificado de fracaso por la mayoría de historiadores. En cuanto a logros concretos, la propia permanencia de Ulloa en la provincia sin duda fue eso. Sin embargo, la

O'Reilly," as he is often portrayed, is best remembered for the brutality he showed in ordering the execution of six citizens who had participated in the Ulloa revolt. O'Reilly did lack the explicit Enlightenment credentials of Ulloa. Nevertheless, in the relatively short time he governed in Louisiana, he implemented a number of enlightened reforms which, in some cases, are still operating in the modern state. The general, for example, created the parish as local jurisdiction, taking that name from the parochial districts of each Catholic church's area of coverage. This provided more efficient resolution of local governmental problems, thus freeing authorities at New Orleans from having to deal with minute matters of limited colonial importance.

O'Reilly also revamped the basic nature of relations with the Native Americans of the province, employing agents as in the British model in addition to holding congresses with them. In several instances, he participated in meetings with the chiefs of the region, on one occasion mounting a sham battle by Spanish troops divided into opposing sides in order to highlight the military prowess of the Spanish. The Indian agents he appointed dealt directly with the tribes on an individual basis, offering them trade goods for their loyalty while chiefs received braided jackets, medals, and other emoluments of their rank. O'Reilly also issued a proclamation that technically ended Indian slavery in the province in terms of its legal status. However, colonists continued to find ways around this decree in order to keep Native Americans in conditions that approximated slavery. Nonetheless, his overall Indian policy did constitute a departure from the way Spain

mayoría de los historiadores que han escrito sobre Ulloa no han sabido valorar la valiosa lección que debemos aprender de su mandato: representaba el compromiso de los españoles con los ideales ilustrados que Ulloa defendía. Retrospectivamente, el nombramiento de Ulloa como gobernador supone una prueba de aquellas ideas de progreso y reformas que los legisladores españoles más importantes creían convenientes para la colonia de Luisiana.

Este mismo contexto ilustrado conformó la carrera del general Alejandro O'Reilly, quien sucedió a Ulloa como gobernador para instaurar el dominio español. Mientras la opinión popular histórica de la Luisiana española considera a Ulloa un fracaso, a su sucesor, O'Reilly, se le considera una persona autoritaria severa y cruel. A O'Reilly el Sanguinario, como a menudo se le describe, se le recuerda por la crueldad que mostró al ordenar la ejecución de seis ciudadanos que habían participado en la sublevación contra Ulloa. O'Reilly carecía de las cualidades ilustradas de Ulloa. Sin embargo, durante el poco tiempo que gobernó Luisiana, ejecutó una serie de reformas ilustradas que, en algunos casos, siguen aplicándose en el estado moderno. Por ejemplo, el general dividió el estado en parroquias a modo de organización de la jurisdicción local. Cada parroquia adquirió el nombre del distrito parroquial que abarcaba cada una de las iglesias católicas de la zona. Esta división resulto ser una medida eficiente ante la resolución de los problemas locales, liberando así a las autoridades de Nueva Orleans de tener que lidiar con asuntos nimios de poca importancia colonial.

A su vez, renovó la naturaleza intrínseca

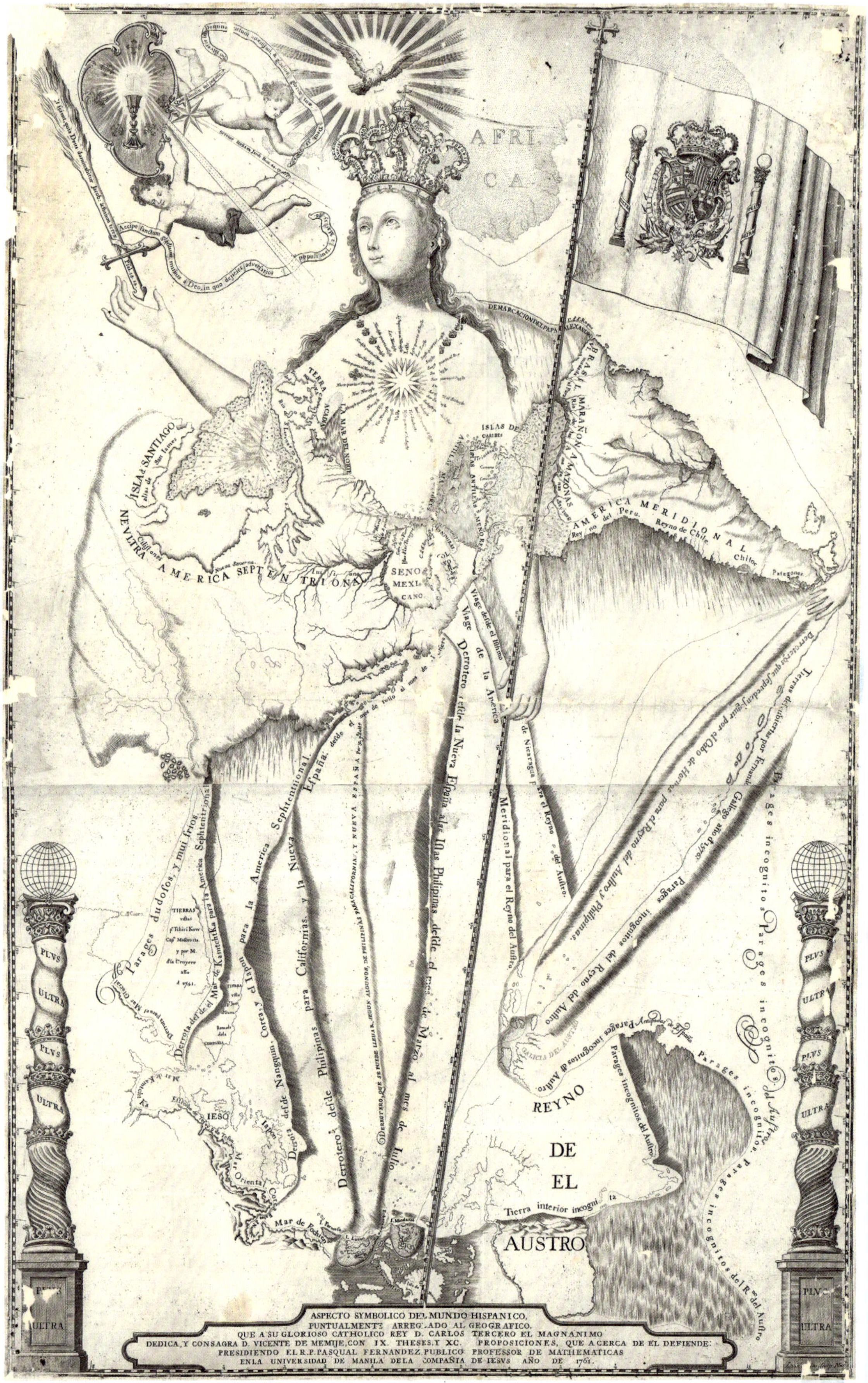
AFRI CA
ISLA de SANTIAGO
NEVLTRA
AMERICA SEPTENTRIONAL
SENO MEXICANO
ISLAS DE CARIBES
AMERICA MERIDIONAL
Reyno del Peru.
Reyno de Chile.
Chiloe
Patagones
REYNO DE EL AUSTRO
Tierra interior incognita
ASPECTO SYMBOLICO DEL MUNDO HISPANICO,
PUNTUALMENTE ARREGLADO AL GEOGRAFICO.
QUE A SU GLORIOSO CATHOLICO REY D. CARLOS TERCERO EL MAGNANIMO
DEDICA, Y CONSAGRA D. VICENTE DE MEMIJE, CON IX. THESES, Y XC. PROPOSICIONES, QUE ACERCA DE EL DEFIENDE:
PRESIDIENDO EL R.P. PASQUAL FERNANDEZ, PUBLICO PROFESSOR DE MATHEMATICAS
ENLA UNIVERSIDAD DE MANILA DELA COMPAÑIA DE IESVS AÑO DE 1761.
PLVS ULTRA
PLVS ULTRA

# Spotlight

The *Aspecto symbolico del Mundo Hispanico*, by the Filipino engraver Laureano Atlas, is considered one of the great examples of symbolic cartography. Spain is represented as a queen wearing a crown with the names of the five Spanish Iberian kingdoms. The mantle draped over her represents the Spanish Americas, and the equator is her staff. The folds in her dress represent the major trade routes of the period. She stands upon a map of the Philippine Islands.

The Philippines was viewed as a critical launchpad for Spain's evangelization of Asia. Both maps displayed here were part of the 1761 *Theses mathematicas de cosmographia, geographia y hydrographia* [*Mathematical Thesis on Cosmography, Geography, and Hydrography*] by Vicente de Memije, a Jesuit priest who lived in Manila. Memije's *Theses*, addressed to King Carlos III of Spain, proposed a new route

***Symbolic Aspect of the Hispanic World***
1761
by D. Vicente de Memije
*courtesy of Centro Geográfico del Ejército—Ministerio de Defensa, España*

# Un Foco

El *Aspecto symbolico del Mundo Hispanico*, mapa realizado por el grabador filipino Laureano Atlas, se considera uno de los mayores ejemplos de la cartografía simbólica. España se representa como una reina portando una corona con los nombres de los cinco reinos ibéricos. El manto que la cubre representa las Américas españolas y el asta que sostiene es el ecuador. Los pliegues de su vestido representan las principales rutas comerciales de la época. Esta figura femenina se encuentra de pie sobre un mapa de las islas Filipinas.

Los españoles consideraban las Filipinas como el trampolín hacia la evangelización de Asia. Los dos mapas expuestos forman parte de la obra *Theses mathematicas de cosmographia, geographia e hydrographia*, de Vicente de Memije, un sacerdote jesuita residente en Manila. La tesis de Memije, dirigida a Carlos III de España,

***Aspecto symbolico del Mundo Hispanico***
1761
por D. Vicente de Memije
*cortesía del Centro Geográfico del Ejército—Ministerio de Defensa, España*

from Spain to the Philippines—and also a new cartographic system, in which longitude is oriented east-west instead of the traditional north-south. His system puts cardinal east—and thus Spain—at the top of the map, visually emphasizing Spain's political relation to its empire.

The allegorical map contrasts strikingly with the second map: the *Aspecto geographico del Mundo Hispánico*, signed by another Filipino engraver, Nicolás de la Cruz de Bagay, and based on a variety of French, English, and Dutch sources. The *Aspecto geographico* is an excellent and accurate geographic map of the Spanish monarchy. Though more conventional than the *Aspecto symbólico*, it too is oriented east-west. The cartographer starts the map's measurements at the easternmost point of Spain, thereby defining each New World colony's location by its distance from Spain.

---

***Geographical Aspect of the Hispanic World***
1761
by D. Vicente de Memije
*courtesy of Centro Geográfico del Ejército—Ministerio de Defensa, España*

proponía una nueva ruta de España a Filipinas, así como un nuevo sistema cartográfico en el que la longitud se orientaba de este a oeste en vez de en la forma tradicional, de norte a sur. En este sistema, Memije sitúa el este y, por ende, España, en la parte superior del mapa, lo que supone un énfasis visual de la relación política de esta con su imperio.

Este mapa alegórico contrasta notablemente con el segundo mapa, *Aspecto geographico del Mundo Hispánico*, obra de otro grabador filipino, Nicolás de la Cruz de Bagay. Este mapa se basa en diferentes fuentes de Francia, Gran Bretaña y los Países Bajos españoles. Se trata de un excelente y riguroso mapa geográfico de la monarquía española. Aunque es una obra más convencional que *Aspecto symbólico del Mundo Hispánico*, este mapa también se encuentra orientado de este a oeste. El cartógrafo comienza la medición del mapa en el punto más oriental de España, definiendo a partir de dicho punto la ubicación de cada una de las colonias en el Nuevo Mundo con respecto a su distancia con España.

---

***Aspecto geographico del Mundo Hispanico***
1761
por D. Vicente de Memije
*cortesía del Centro Geográfico del Ejército—Ministerio de Defensa, España*

RAZON DE LAS
AFRICA
OCEANO ATLANTICO
MAR DEL NORTE
BRASIL
AMERICA MERIDIONAL
REYNO DE CHILE
Patagones
AMERICA SEPTENTRIONAL
BAHIA DE HUDSON
LUISIANA
SENO MEXICANO
NUEVO MEXICO
NUEVA GALICIA
CALIFORNIA
MAR DEL SVR O PACIFICO
ISLAS DE HERNANDO
ISLAS DE SALOMON
REYNO DE EL AVSTRO
NUEVA GUINEA
ISLAS MARIANAS
CAROLINAS
MAR ORIENTAL
LA GRAN TARTARIA
ASIA
LA GRAN CHINA
PEKIN
CANTON
I BORNEO
MALACA
ASPECTO GEOGRAPHICO DEL MUNDO HISPANICO,
QUE A SU GLORIOSO CATHOLICO REY D. CARLOS TERCERO EL MAGNANIMO
DEDICA, Y CONSAGRA D. VICENTE DE MEMIJE CON IX THESES, Y XC. PROPOSICIONES, QUE ACERCA DE EL DEFIENDE
PRESIDIENDO EL R. P. PASQUAL FERNANDEZ, PUBLICO PROFESSOR DE MATHEMATICAS
EN LA VNIVERSIDAD DE MANILA DE LA COMPAÑIA DE IESVS
AÑO DE 1761

interacted with Indigenous groups in other Spanish colonies.

A number of the general's reforms improved the local trade economy and provided for a more efficient commercial marketplace at New Orleans. These proved to be revolutionary developments in the Spanish colonial system, directly reflecting Enlightenment-inspired changes taking place in Spain and across Europe, especially in France. Inflation was hampering the Louisiana colony, caused in large measure by the marked variations in the price of white flour, an essential foodstuff not produced in the city. O'Reilly expelled several British traders who had been illegally operating in the colony and who had been attempting to control the flour supply. They charged whatever the market would bear, thus creating a situation of regular price gouging. O'Reilly forced these merchants to leave and welcomed a new group of English-speaking traders, mostly of Irish origin like himself. These merchants, many of whom he had known during the time he had been stationed in Cuba, normalized the flour trade. Some of them, including Oliver Pollock, would remain as New Orleans residents for decades. The general also imposed price controls on many commodities, including other foodstuffs, and lowered import tariffs in order to increase local supplies. These O'Reilly reforms prepared the way for New Orleans to enter the larger trading network of the Atlantic world, a development which eventually brought the province much prosperity.

O'Reilly's reformist impulses resulted in his ordering the first Spanish census undertaken in Louisiana, something he had previously done in Cuba. The taking of census information flowed

de las relaciones con los nativos americanos de la provincia, contratando agentes, al igual que hacían los británicos, y celebrando asambleas con los nativos. En numerosas ocasiones, participó en reuniones con los dirigentes de la región. En una de ellas, organizó una batalla ficticia en la que se dividió a las tropas españolas en dos bandos contrarios para así destacar la destreza militar de los españoles. Los agentes indios que nombró trataban directamente con cada tribu por separado, ofreciéndoles mercancías a cambio de su lealtad, mientras que los jefes recibían chaquetas con galones, medallas y otros emolumentos de acuerdo a su estatus. Así mismo, publicó una proclama que técnicamente ponía fin a la legalidad de la esclavitud de nativos americanos en la provincia. Sin embargo, los colonos siguieron hallando maneras de sortear este decreto para mantener a los nativos americanos en condiciones que rozaban la esclavitud. No obstante, esta política supuso un cambio con respecto a la interacción de los españoles con otros grupos indígenas de sus colonias.

Gracias a varias reformas del general, la economía del comercio local mejoró y el mercado comercial de Nueva Orleans se volvió más eficiente. Estas reformas fueron muestra de los progresos revolucionarios en el sistema colonial español, reflejando de forma directa los cambios inspirados en la Ilustración que acontecían en España y en toda Europa, especialmente en Francia. La colonia de Luisiana se estaba viendo afectada por la inflación causada en gran medida por las fluctuaciones en el mercado del precio de la harina, un producto de primera necesidad que no se producía en la ciudad. O'Reilly

directly out of Enlightenment attitudes, which valued empiricism based on the compiling of statistical information. Census-takers fanned all across Louisiana in 1769 compiling useful data. They found approximately 3,500 residents living at New Orleans, with a total population of 14,000 people living across Louisiana, exclusive of Native Americans, who were not counted. While the census went forward, O'Reilly also undertook a massive restructuring of the civil government at New Orleans. He abolished the old French Superior Council, instituting a deliberative body known as the Cabildo in its place. The Cabildo had the power to craft and implement policies for New Orleans, regulate businesses, and superintend "police" powers which would include public facilities such as streets and wharves, fire protection, and urban law enforcement activities. The general appointed the councilors, known as regidores, from a wide cross-section of local white men, choosing only those who manifested a loyalty to Spain. This local government structure exhibited a progressivism not existing in some other Spanish cities in New Spain, although they too had cabildos. New Orleans thus enjoyed a well-defined measure of self-government. O'Reilly, as a commander steeped in the latest military practices, also greatly improved Spanish fortifications at the Balize post, Pointe Coupée, and New Orleans, along with the Red River posts.

Regarding slavery, O'Reilly's decrees prohibited some forms of harsh mistreatment and violence against enslaved people on the part of their owners. Owners could be prosecuted for cruelty to enslaved people, although such prosecution seldom occurred. The decree also outlined a complicated

expulsó a varios comerciantes británicos que habían estado desarrollando actividades en la colonia de forma ilegal y que habían intentado controlar el suministro de harina. Cobraban lo que el mercado pudiera soportar, dando lugar a la especulación del precio habitual. O'Reilly obligó a estos comerciantes a marcharse, dando la bienvenida a un nuevo grupo de comerciantes anglófonos, la mayoría de origen irlandés, al igual que él. Estos comerciantes, muchos de los cuales eran conocidos de O'Reilly de la época en la que estuvo destinado en Cuba, normalizaron el comercio de la harina. Algunos de estos, entre ellos Oliver Pollock, vivirían en Nueva Orleans durante décadas. Además, el general impuso medidas de control sobre los precios de varios productos básicos, incluidos los productos alimenticios, y bajó los aranceles de importación para incrementar el abastecimiento local. Las reformas de O'Reilly prepararon a Nueva Orleans para entrar en la gran red comercial del mundo atlántico, una mejora que trajo una gran prosperidad a la provincia.

Estas iniciativas reformistas del general dieron lugar a que se ordenara la elaboración del primer censo español en Luisana, algo que ya se había hecho en Cuba. La iniciativa de levantar un censo surgió de las actitudes ilustradas, que valoraban el empirismo basado en la recopilación de información estadística. En 1769, los censistas se desplegaron por toda Luisiana recabando así información útil. Determinaron que Nueva Orleans contaba con aproximadamente 3500 ciudadanos y la población total de Luisiana era de 14 000 personas. Estas cifras no incluyen a los nativos americanos, los cuales no se contabilizaron. Mientras que el censo seguía adelante, O'Reilly

+

Posesión. 2

Yo Francisco Xavier Rodriguez escribano de S. M. publico
del numero dela Ciudad dela Havana, dela Real
Factoria de tabacos establecida en ella, y dela pre-
sente expedición del mando del Exmo. Sor. Dn. Ale-
jandro O'Reilly Comendador de Benfayan en la
Orden de Alcantara Teniente Gral. è Inspector ge-
neral delos Reales Exercitos Governador electo y
Capitan gral. dela Provincia dela Luysiana,
y Joseph Fernandez escribano de S. M. y vezino de
dha. Ciudad dela Habana, Certificamos en la mas
bastante forma que aya lugar por dro. Damos
fee y verdadero testimonio que como alas quatro
y media dela tarde de este dia dho. Sor. Exmo. [illegible]
do abordo dela Fragata de S. M. titulada el Volante
donde vino embarcado dela referida Ciudad dela
Habana con el comboy de su Comando para tomar
formalmente posesion de esta Colonia como su Gover-
nador, y Capitan gral. en virtud de especial Comisi-
-on del Rey nro. Señor con que para este fin se
halla autorizado, vajó à tierra àcompañado del
Cuerpo de oficiales dela Rl. marina, y otros de diver-
sos Cuerpos del Dor. Dn. Manuel Jph. de Urrutia Au-
ditor de guerra dela misma marina con [illegible]
dha. Ciudad dela Habana del Licenciado Dn. Fe[illegible]
Rey Abogado delas Reales Audiencias de Santo Do-
mingo, y Mexico, y de su Illustre y Real Coll[illegible]
Nos los dhos. escribanos, y estando al mismo tiem-
po formadas en quadro todas las tropas de [illegible]
Magestades Catholica, y Christianisima, [illegible]
minó su Exa. hasta llegar ala Plaza [illegible]
de esta Ciudad, donde se hallaba Dn. [illegible]
Aubri Governador interino que fué de esta [illegible]
[illegible]
[illegible] dho. Sr. Exmo.

# Spotlight

Shortly after his 1769 arrival in New Orleans, Governor Alejandro O'Reilly abolished the French Superior Council, which had overseen the city during the French colonial era. O'Reilly established the Cabildo as the governing body of the city of New Orleans. The origins of modern city government of New Orleans can be traced to that action.

The Spanish government published the vast majority of its official notices in French. At the same time, while the official minutes of the Cabildo were maintained in Spanish, there was at least one instance where the members were unable write a proper resolution in Spanish to send to the King of Spain. Therefore, they wrote it in French, adding an apologetic note that they were Spaniards at heart.

---

**The first entry of the minute book of the Cabildo, in which the Superior Council is abolished and replaced by the Cabildo and other forms of Spanish government**
from Acts of the Cabildo, AB 300 (volume 1, August 18, 1769–August 27, 1779)
*courtesy of the New Orleans Public Library, Louisiana Division / City Archives and Special Collections*

# Un Foco

Poco después de su llegada a Nueva Orleans en 1769, el gobernador Alejandro O'Reilly abolió el Consejo Superior francés, órgano a través del que se supervisaba la ciudad durante la era colonial francesa. O'Reilly instauró el Cabildo como el nuevo órgano de gobierno de Nueva Orleans. De hecho, el gobierno moderno de la ciudad tiene su origen en dicha decisión.

El gobierno español emitía gran parte de sus comunicados oficiales en francés. Aunque las actas oficiales del Cabildo eran en español, hubo al menos un caso en el que sus miembros no fueron capaces de redactar en un correcto español una resolución que debía ser enviada al rey de España, por lo que tuvieron que redactarla en francés y añadir una nota de disculpa indicando que eran españoles de corazón.

---

**Primera entrada en las Leyes del Cabildo mediante la que se abole el Consejo superior francés y se sustituye por el Cabildo y otras formas de gobierno españolas**
extraído de Leyes del Cabildo, AB 300 (tomo 1, 18 de agosto de 1769 al 27 de agosto de 1779)
*cortesía de la New Orleans Public Library, Louisiana Division / City Archives and Special Collections*

procedure for manumission, which included the ability of enslaved people to purchase their freedom with the approval of their masters and the colonial government. General O'Reilly's most important and enduring contribution to establishing, in practice, an Enlightenment orientation in Louisiana occurred in his promulgation of the colony's new legal procedures and systems of law, some of which still today earmark the uniqueness of Louisiana's civil and criminal codes. "The Code," as one historian has observed, "noted that it was preferable to allow a guilty man to go free than to convict an innocent man."[1]

This progressive tradition continued under Governor Bernardo de Gálvez, who energized New Orleans along with the rest of Spanish Louisiana. He promulgated the Free Trade Decree of 1778, marking an explosion of commercial prosperity because of the increased number of ports with which New Orleans merchants could trade. The trade economy also grew because Gálvez supported the rebel side in the American Revolution. For this reason, he permitted merchants representing the Continental Congress to operate at New Orleans. Gálvez's sympathy for the rebel cause translated into action when Spain entered the conflict against Great Britain in 1779. The Louisiana governor engaged in major military campaigns along the Mississippi River and Gulf Coast which materially contributed to the British defeat in the conflict. His crowning moment occurred at

1 Texada, "The Administration of Alejandro O'Reilly," 150.

comenzó una profunda restructuración del gobierno civil de Nueva Orleans. Abolió el antiguo Consejo Superior francés e instituyó en su lugar un órgano deliberativo, el Cabildo. El Cabildo tenía poder para elaborar y aplicar políticas en Nueva Orleans, regular los negocios y supervisar las competencias «policiales», que incluían infraestructuras públicas como las calles y los muelles, la protección contra incendios y llevar a cabo medidas para la ejecución de la legislación urbana. El general nombró a regidores escogidos de entre una amplia parte de los hombres blancos locales, eligiendo solo aquellos que manifestaban su lealtad a España. Esta estructura del gobierno local mostraba un progresismo que no existía en otras ciudades de Nueva España, a pesar de que estas contaran también con cabildos. Así pues, Nueva Orleans gozaba de una medida bien definida en lo que respecta al autogobierno. Como comandante versado en las prácticas militares más novedosas, O'Reilly mejoró considerablemente las fortificaciones del puesto de Balize, Pointe Coupée y Nueva Orleans, junto con los puestos del río Rojo.

En lo que respecta a la esclavitud, los decretos de O'Reilly prohibieron algunas formas de maltrato severo y la violencia ejercida por los amos contra su personal ezclavizado. Los amos podían ser llevados a juicio por maltratar a sus personas esclavizadas, aunque tal enjuiciamento fue raro. El decreto también explicaba el complicado proceso de manumisión, que incluía la posibilidad de que personas esclavizadas compraran su libertad con el consentimiento de sus amos y del gobierno colonial. La contribución más importante y duradera del general O'Reilly

the Battle of Pensacola in May 1781. Numbers of militiamen from New Orleans participated in this significant military victory, along with several English-speaking merchants from the city. Leaving New Orleans, this expedition went first to Cuba, where its numbers were greatly augmented by Spanish land and naval forces. Appearing off Pensacola in the spring, Gálvez bravely led his force into the enclosed bay past the main British fortress, thereby permitting the Spanish to undertake a prolonged and ultimately successful siege. The fort at Pensacola surrendered on May 10, making Bernardo de Gálvez a bona fide hero of the American Revolution. This battle constituted the last major military victory for Spain in the colonial era, which began with the explorations of Columbus and ended with the Wars of Latin American Independence in the early 1800s.

New Orleans became an increasingly cosmopolitan and vibrant city in the years after the American Revolution, an expanding urban place which witnessed a flowering of commerce, art, culture, and sophistication. Much of this continuing transformation took place because of a growing ethnic diversity seen in the city as it became a crossroads linking the interior, accessed through the Mississippi River, with increasing maritime contact with all parts of the world. By the end of the eighteenth century, the Crescent City had become one of the most pronounced "melting pots" of any urban port in the Americas.

para establecer, en la práctica, una orientación ilustrada en Luisiana fue la proclamación de los nuevos procedimientos judiciales y ordenamientos jurídicos de la colonia. Algunos de ellos todavía hoy destacan la singularidad de los códigos civiles y penales de Luisiana. «Este código», tal y como comentaba un historiador, «destacaba que era preferible dejar libre a un culpable que condenar a un inocente»[1].

Esta tradición progresista continuó bajo el mandado del gobernador Bernardo de Gálvez, quien revitalizó Nueva Orleans y el resto de la Luisana española. Promulgó el Reglamento del Libre Comercio de 1778, que marcó el despegue de la prosperidad comercial, ya que incrementó el número de puertos con los que Nueva Orleans podía comerciar. Además, la economía también creció debido al apoyo de Gálvez a los rebeldes en la Revolución de las Trece Colonias. Por esta razón, permitió a los comerciantes que representaban al Congreso Continental llevar a cabo sus actividades en Nueva Orleans. La simpatía de Gálvez por la causa rebelde se materializó cuando España entró en el conflicto contra Gran Bretaña en 1779. El gobernador de Luisiana participó en la mayoría de las campañas militares que tuvieron lugar a lo largo del río Misisipi y la costa del golfo, lo que contribuyó significativamente a la derrota de los británicos en el conflicto. Su momento álgido tuvo lugar en la batalla de Pensacola en mayo de 1781. Numerosos milicianos de Nueva Orleans participaron en esta importante victoria militar junto con numerosos

1 Texada, «The Administration of Alejandro O'Reilly», 150.

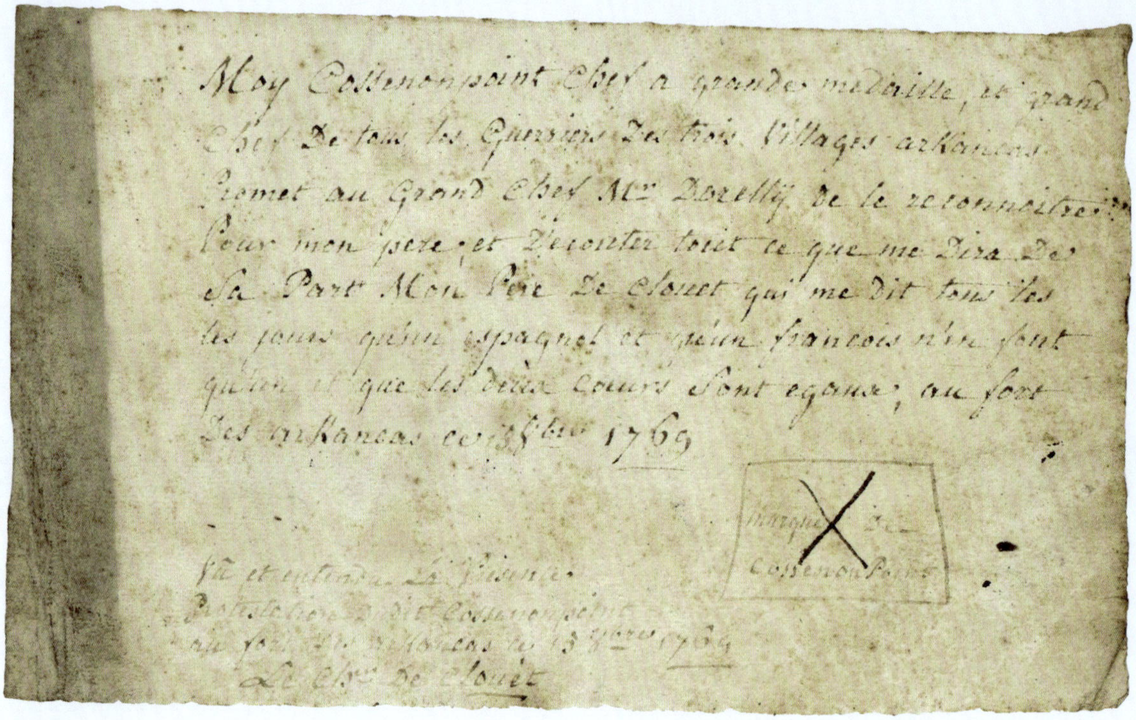

Moy Cossenonpoint Chef a grande medaille, et grand Chef De tous les Guerriers Des trois Villages arkansas Promet au Grand Chef Mr Dorelly de le reconnoitre Pour mon pere et Decouter tout ce que me Dira De Sa Part Mon Pere De Clouet qui me dit tous les les jours qu'un espagnol et qu'un francois n'en font qu'un et que les deux Cours Sont egaux; au fort Des arkansas ce 15 8bre 1769

Marque de Cossenonpoint

Lu et entendu Le present ... dit Cossenonpoint au fort des arkansas le 15 8bre 1769 Le Chr De Clouet

# Spotlight

The Spanish practice of recognizing alliances with Indian nations by awarding Indian officials military commissions in Louisiana can be traced to the French governor Louis Billouart Kerlérec, who served from 1753 to 1763. The commission documents issued by Spain resembled those of the French in both their large size and their iconography. Here, the sitting governor, Luis Héctor de Carondelet, is depicted presenting a medal to Petit Oiseau (Little Bird), chief of the Great Osage Nation. The

---

**Treaty between the Quapaw Great Chief and the Commandant of the Arkansas Post**
October 15, 1769
from French Superior Council and Spanish Judicial Records: 1769-10-15-03
*courtesy of the Louisiana State Museum and Louisiana Historical Society*

# Un Foco

La práctica española de reconocer alianzas con los pueblos nativos a través de la concesión de comisiones militares en Luisiana a los dirigentes nativos se remonta a la época del gobernador francés Louis Billouart Kerlérec, quien estuvo al frente de la colonia desde 1753 a 1763. Los documentos de estas comisiones emitidos por España se asemejaban a los documentos franceses, tanto por su extensión como por su iconografía. Aquí se representa a Luis Héctor de Carondelet, gobernador de Luisiana, entregando

---

**Tratado entre el Gran Jefe Quapaw y el comandante del puesto de Arkansas**
15 de octubre de 1769
extraído de los archivos del Consejo Superior francés y de la Administración de Justicia española: 1769-10-15-03
*cortesía del Louisiana State Museum y Louisiana Historical Society*

EL BARON DE CARONDELET,

Caballero de la Religion de San Juan, Coronel de los Reales Exercitos, Gobernador, Intendente Vice-Patrono de las Provincias de la Luisiana, y Florida occidental, Sub-inspector general de las Tropas y Milicias de las mismas, &c.

EN atencion

1794 commission bears the coats of arms of both Spain and the governor.

Documentation such as the oath of allegiance to Spain signed by the chief of three villages in present-day Arkansas, in 1769, shortly after the arrival of Alejandro O'Reilly, shows how quickly O'Reilly moved to establish relations with the various Indian tribes.

una medalla a Petit Oiseau (Pequeño Pájaro), jefe de la nación Osage. La comisión de 1794 contiene el escudo de armas de España y el del gobernador.

Otros documentos como, por ejemplo, el juramento de lealtad a España firmado por Cosse-non-Point, jefe de tres aldeas situadas en lo que hoy en día es Arkansas, en 1769, poco después de la llegada de Alejandro O'Reilly, muestran la rapidez con la que este gobernador comenzó a entablar relaciones con las diferentes tribus nativas americanas.

---

**Commission of the Osage Indian Petit Oiseau [Little Bird] as a Spanish captain**
May 16, 1794
by Luis Héctor, barón de Carondelet, and Manuel Andrés López de Armesto
*The Historic New Orleans Collection, 67-12-L*

**Nombramiento del indígena osage Petit Oiseau [Pájaro Pequeño] como capitán español**
16 de mayo de 1794
por Luis Héctor, barón de Carondelet, y Manuel Andrés López de Armesto
*The Historic New Orleans Collection, 67-12-L*

French-, Spanish-, and English-speaking residents mingled with German speakers who traveled from their plantations upriver. Longtime residents of the city were joined by Acadians, Canary Islanders, Americans, and Englishmen. All of these groups interacted with Africans, both enslaved and free. In the 1790s, Toussaint Louverture's revolt triggered a large migration of enslaved people, brought by their French-speaking European and Creole masters who came to the city as refugees. New Orleans thus had a diverse and cosmopolitan population by the end of the Spanish period.

This multiethnic and pluralistic society can be seen at New Orleans, for example, in terms of the significant emphasis placed on educational institutions during the Spanish period, along with literature, the arts, and architecture as progressive hallmarks prevailing in the city. The government at New Orleans established a free public school for children of the colonists in 1771 under the direction of Manuel Andrés López de Armesto. Although funding problems made such an experiment short-lived, this attempt at founding a public school was one of the first such endeavors in North America. Nonetheless, the people of New Orleans embraced education anyway, with ten private academies that functioned during the Spanish era. Over four hundred students attended these schools, making for an unusually large percentage of young people engaged in classroom instruction compared to any other city in the Americas. Perhaps for that reason, literature and the arts took root in the city. Julien Poydras, a Pointe Coupée planter who spent much time at New Orleans, wrote an epic poem extolling the military victories

comerciantes anglófonos de la ciudad. Dejando atrás Nueva Orleans, esta expedición se dirigió en primer lugar a Cuba, donde su número se vio incrementado en gran medida por las fuerzas terrestres y navales españolas. Cuando apareció en primavera frente a la costa de Pensacola, Gálvez lideró valientemente sus fuerzas hacia la bahía cerrada, pasando el fuerte británico, lo que permitió a los españoles llevar a cabo un prolongado asedio que finalmente dio resultado. El fuerte de Pensacola se rindió el 10 de mayo, lo que convirtió a Bernardo Gálvez en un auténtico héroe de la Revolución americana. Esta batalla fue la última gran victoria militar de España en la era colonial, que comenzó con las exploraciones de Colón y terminó con las guerras de la independencia hispanoamericana a principios de el siglo XIX.

En los años posteriores a la Revolución americana, Nueva Orleans se fue convirtiendo en una ciudad cada vez más cosmopolita y dinámica, una zona urbana en expansión testigo del florecimiento comercial, artístico, cultural y de la sofisticación. Gran parte de su continua transformación se debió al crecimiento de la palpable diversidad étnica en la ciudad, ya que se convirtió en un cruce que, a través del río Misisipi, conectaba el interior del país con el creciente comercio marítimo del resto del mundo. A finales del siglo XVIII, la Crescent City, conocida así por situarse en un meandro del Misisipi con forma de media luna, se había convertido en el crisol más importante de todos los puertos urbanos de las Américas.

of Bernardo de Gálvez during the American Revolution. José Francisco Xavier de Salazar y Mendoza became a noted portrait painter at New Orleans, where many of the city's elite and political leaders sat for him. Architecture became an important means of artistic expression during the Spanish era, especially because two destructive fires swept the city, in 1788 and 1794. This resulted in much rebuilding at New Orleans during the Spanish period. Many of the historic structures in the French Quarter today are, in fact, Spanish-era constructions. Most notable of this architecture are the landmarks of the Cabildo, the Presbytère, and much of St. Louis Cathedral, as well as a number of private residences and business edifices, especially in the area near Jackson Square. Enlightened attitudes also influenced one of the wealthiest businessmen in New Orleans, Andrés Almonester y Roxas, to endow in 1784 the construction of a public hospital, becoming the origin of modern Charity Hospital.

The four decades of Spanish control at New Orleans were thus not an unsophisticated interlude between the French and American periods. This period constituted instead a vibrant era of urban development, positive governmental change, increasing economic prosperity, and the implementation of Enlightenment-oriented transformations of a positive nature. The city was not a benighted place that suffered from economic restrictions, a moribund population, frontier isolation, or urban insularity. It was a place where the Enlightenment in the Americas took root during the late eighteenth century. Spanish New Orleans therefore laid a significant part of the foundation for the modern city we know today.

Residentes de habla francesa, española e inglesa se mezclaban con africanos, tanto personas esclavizadas como libres. Además, la ciudad llegó a tener la mayor población africana libre del hemisferio. Residentes de habla francesa, española e inglesa se relacionaron con germanohablantes que viajaban de sus plantaciones río arriba. A los residentes de larga data se les sumaron acadianos, canarios, americanos e ingleses. Todos estos grupos interactuaron con africanos, tanto esclavizados como libres. A fines del siglo 18, la revuelta de Toussaint Louverture desencadenó una gran migración de personas esclavizadas, influenciada por sus amos francófonos europeos y criollos que llegaron a la ciudad como refugiados. Por lo tanto, a finales de la época española, Nueva Orleans ya contaba con una población variada y cosmopolita.

Esta sociedad multiétnica y plural se puede observar en Nueva Orleans, por ejemplo, en el especial énfasis que se puso en las instituciones educativas durante la época española, junto con la literatura, el arte y la arquitectura como distintivos progresistas que aún hoy en día prevalecen en la ciudad. El gobierno de Nueva Orleans fundó una escuela pública para los hijos de los colonos en 1771 bajo la dirección de Manuel Andrés López de Armesto. A pesar de haber sido efímera debido a problemas de financiación, se trató de uno de los primeros intentos de estas características en toda Norteamérica. Este fracaso no impidió a las personas de Nueva Orleans acoger la educación con los brazos abiertos, contando con diez academias privadas en funcionamiento durante la era española. Cuatrocientos estudiantes asistían a estas escuelas, un

# Enslavement of Native Americans

In the wake of his initial transatlantic voyage, Christopher Columbus suggested to the Spanish monarchs, King Ferdinand V and Queen Isabella I, that enslaving Native peoples could prove lucrative for the crown. The suggestion was not extraordinary: slavery was well established in the Mediterranean world, and in a practice dating from the pre-Columbian period, some Native American tribes enslaved prisoners of war. However, Ferdinand and Isabella made it clear that the Native peoples of the Americas should be considered free subjects, enjoy the same privileges as other Spanish subjects, and be compensated for their work. Indeed, when they learned in 1496 that Columbus had violated their decrees by shipping five hundred enslaved Native American people

# La esclavización de nativos americanos

Tras su primer viaje trasatlántico, Cristóbal Colón sugirió a los monarcas españoles, Fernando V e Isabel I, que la esclavización de nativos podría ser lucrativa para la corona. Esta sugerencia no era algo fuera de lo habitual, ya que la esclavitud estaba bien arraigada en el mundo Mediterráneo. Además, ya en la época precolombina, las tribus nativas americanas esclavizaban a los prisioneros de guerra. No obstante, Fernando e Isabel dejaron claro que los nativos de las Américas deben ser considerados súbditos libres, gozando de los mismos privilegios que cualquier otro súbdito español y siendo remunerados por su trabajo. Es más, cuando en 1496 descubrieron que Colón había violado sus decretos al embarcar a quinientos nativos americanos esclavizados hacia España, Isabel

back to Spain, Isabella ordered that they be freed and returned to their homeland.

When Alejandro O'Reilly arrived in Louisiana in 1769, he took action to enforce the long-standing Spanish policy. Realizing that the French held a substantial number of enslaved Native American people, he mandated that this form of enslavement was illegal. Such a prohibition was unheard of in French colonial North America. Yet, just as the enslavement of Native Americans had persisted throughout the Spanish Americas in the wake of Ferdinand and Isabella's actions, O'Reilly's decree had only limited success. While it is true that some Native American people did gain their freedom, the decree did not achieve its goal, and the practice of Indian slavery remained.

ordenó que estos fueran liberados y llevados de vuelta a su tierra natal.

A su llegada a Luisiana en 1769, Alejandro O'Reilly comenzó a dar los pasos necesarios para establecer esta inveterada política española. Siendo consciente de que los franceses poseían un gran número de nativos americanos esclavizados, declaró ilegal este tipo de esclavización. En la Norteamérica colonial francesa se ignoró dicha prohibición. Al igual que la esclavización de los nativos americanos persistía en las Américas españolas a pesar de las medidas llevadas a cabo por Fernando e Isabel, el decreto promulgado por O'Reilly no tuvo una gran acogida. Si bien es verdad que algunos nativos americanos consiguieron la libertad, el decreto no surtió los efectos esperados y la práctica de la esclavitud indígena continuó.

# Spotlight

In a brutal yet commonplace process, many enslaved people were forcibly branded with both the royal brand and the initials of their owners upon their arrival in the Americas. The marks were burned into an enslaved person's face or shoulder. Finally, in 1784, Carlos III ordered an end to the barbaric practice. Bernardo de Gálvez—then Viceroy of New Spain—was responsible for informing the region of the change of policy.

The prohibition on branding was part of a larger shift in the legal framework around enslaved people. In 1789, Carlos IV issued a new, more liberal slave policy, the Real cédula de su Majestad sobre la educación, trato y ocupaciones de los esclavos (Royal decree concerning the education, treatment and occupations of slaves). The new rules were seen as a threat locally by French planters, whose livelihood relied on the ready availability of enslaved laborers.

**Illustration of the triple mark of the royal seal or brand, used to brand enslaved persons, found in the Caja de intervención in Havana**
1773
*courtesy of España. Ministerio de Cultura y Deporte. Archivo General de Indias, MP Ingenios, 274*

# Un Foco

A su llegada a las Américas, en un procedimiento tan cruel como común, a muchas personas esclavizadas se les imponía una marca a fuego en la cara o en los hombros con las iniciales de sus amos y la marca real. Finalmente, en 1784, Carlos III puso fin a esta práctica atroz. Bernardo de Gálvez, por aquel entonces virrey de Nueva España, fue el responsable de informar a la región de este cambio de política.

La prohibición de esta práctica formaba parte del importante giro que daría el marco legal en lo que respecta a la esclavización. En 1789, Carlos IV promulgó una nueva política de personas esclavizadas más liberal; la Real cédula de su Majestad sobre la educación, trato y ocupaciones de los esclavos. A nivel local, los dueños de las plantaciones la consideraban una amenaza, ya que estos vivían de la disponibilidad inmediata de personas esclavizadas que trabajaran la tierra.

**Diseño que reproduce las tres marcas de plata con el sello o carimbo real, para marcar personas esclavizadas que hallaban en la Caja de intervención de la Habana**
1773
*cortesía de España. Ministerio de Cultura y Deporte. Archivo General de Indias, MP Ingenios, 274*

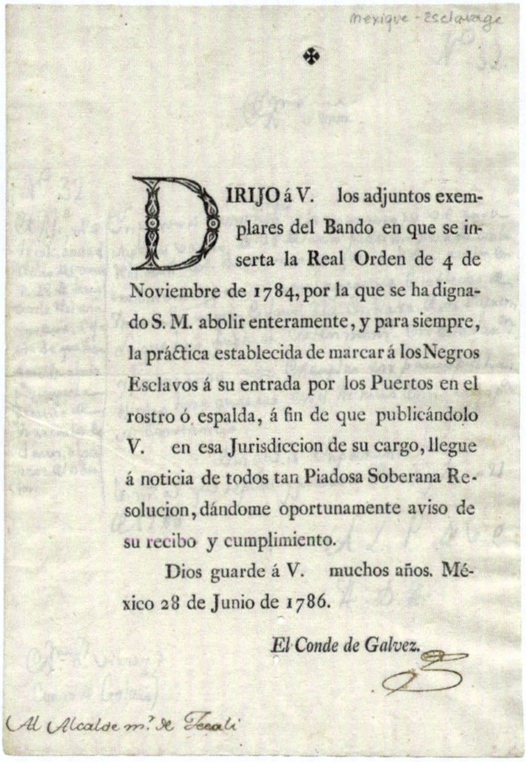

DIRIJO á V. los adjuntos exemplares del Bando en que se inserta la Real Orden de 4 de Noviembre de 1784, por la que se ha dignado S. M. abolir enteramente, y para siempre, la práctica establecida de marcar á los Negros Esclavos á su entrada por los Puertos en el rostro ó espalda, á fin de que publicándolo V. en esa Jurisdiccion de su cargo, llegue á noticia de todos tan Piadosa Soberana Resolucion, dándome oportunamente aviso de su recibo y cumplimiento.

Dios guarde á V. muchos años. México 28 de Junio de 1786.

El Conde de Galvez.

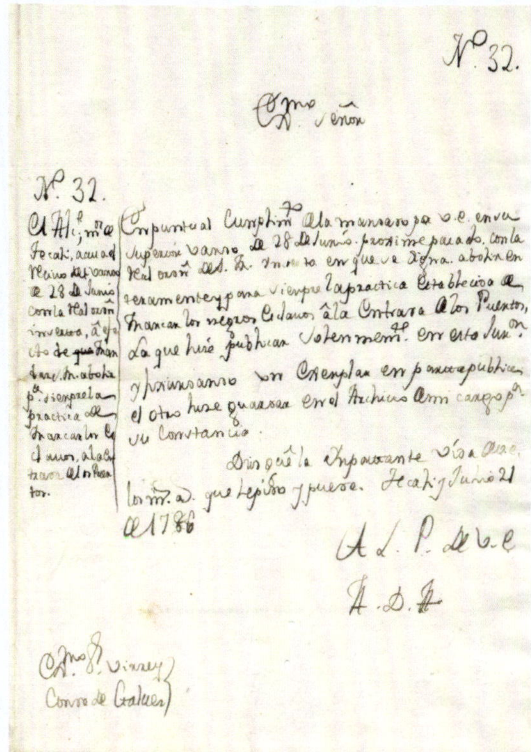

N.º 32.

Official order of Carlos III (November 4, 1784) and signed by José de Gálvez as Minister of the Indies and printed and distributed in Mexico (June 28, 1786) on the order of Bernardo de Gálvez as Viceroy of Mexico, "entirely and forever" ending the practice of branding enslaved people with iron "on the face or shoulder upon arrival" in the Americas
1784
*The Historic New Orleans Collection, acquisition made possible by the Boyd Cruise Fund, 2019.0058.2*

Decreto oficial promulgado por Carlos III el 4 de noviembre de 1784 y firmado por José de Gálvez como ministro de Indias por el que se ponía fin «por completo y para siempre» a la práctica de estigmatizar a las personas esclavizadas «en la cara u hombro a su llegada» a las Américas, este decreto fue impreso y distribuido en México por orden de Bernando de Gálvez como virrey de México el 28 de junio de 1786
1784
*The Historic New Orleans Collection, adquisición posible gracias a la Boyd Cruise Fund, 2019.0058.2*

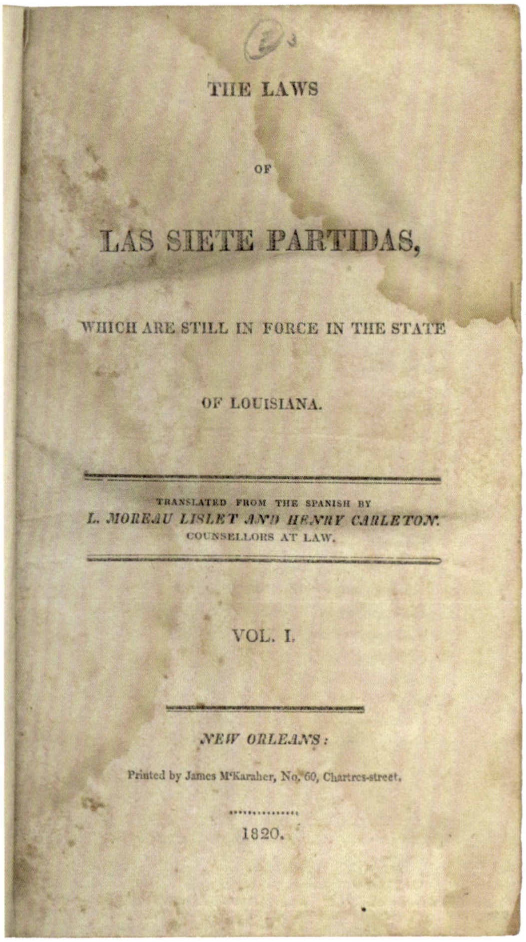

THE LAWS

OF

LAS SIETE PARTIDAS,

WHICH ARE STILL IN FORCE IN THE STATE

OF LOUISIANA.

TRANSLATED FROM THE SPANISH BY
L. MOREAU LISLET AND HENRY CARLETON.
COUNSELLORS AT LAW.

VOL. I.

NEW ORLEANS:

Printed by James M'Karaher, No. 60, Chartres-street.

1820.

***The Laws of Las Siete Partidas, Which Are Still in Force in the State of Louisiana***
translated from the Spanish by L. Moreau Lislet and Henry Carleton
New Orleans, 1820
*The Historic New Orleans Collection, 76-830-RL.1*

---

***Las leyes de Las Siete Partidas, aún en vigor en el estado de Luisiana***
traducido del español por L. Moreau Lislet y Henry Carleton
Nueva Orleans, 1820
*The Historic New Orleans Collection, 76-830-RL.1*

porcentaje inusualmente alto de jóvenes en formación en comparación con otras ciudades de las Américas. Quizás esta fuera la razón por la que la literatura y las artes arraigaron en la ciudad. Julien Poydras, un hacendado de Pointe Coupée que pasó bastante tiempo en Nueva Orleans, escribió un poema épico ensalzando las victorias de Bernardo de Gálvez durante la Revolución americana. José Francisco Xavier de Salazar y Mendoza se convirtió en un pintor de renombre en Nueva Orleans, retratando a políticos y a la flor y nata de la ciudad. Durante la era española, la arquitectura pasó a ser un importante medio de expresión artística, en gran parte debido a los incendios que arrasaron la ciudad en 1788 y 1794, llevándose a cabo gran parte de la reconstrucción durante la época española. De hecho, hoy en día, muchos de los edificios históricos del Barrio Francés son de la época española. Los monumentos más significativos de este tipo de arquitectura son el Cabildo, el Presbytére y gran parte de la catedral de San Luis, así como varias residencias privadas y edificios de oficinas, en especial aquellos localizados cerca de la Plaza Jackson. Las actitudes ilustradas también calaron en el hombre de negocios más rico de toda Nueva Orleans, Andrés Almonester y Roxas, quien en 1784 costeó la construcción de un hospital público, siendo este el origen del actual Charity Hospital.

Por lo tanto, cuatro décadas de soberanía española en Nueva Orleans no fueron un simple receso entre las épocas francesa y americana. Todo lo contrario, fue una trepidante era de desarrollo urbano, de un positivo cambio gubernamental, un aumento de la prosperidad económica y de la instauración

de positivas transformaciones de orientación ilustrada. La ciudad no era un lugar sumido en la ignorancia, víctima de restricciones económicas, aislado por sus fronteras, con una población moribunda y un urbanismo austero. Se trataba de un lugar donde la Ilustración en las Américas echó raíces a finales del siglo xviii. La Nueva Orleans española sentó parte de los cimientos de la ciudad moderna que conocemos en la actualidad.

**Design of the uniform of the battalion of *Morenos* of Havana**
December 21, 1763
*courtesy of España. Ministerio de Cultura y Deporte. Archivo General de Indias, MP Uniformes 25 1763-12-21*

---

**Diseño de uniforme del batallón de Morenos de La Habana**
21 de diciembre de 1763
*cortesía de España. Ministerio de Cultura y Deporte. Archivo General de Indias, MP Uniformes 25 1763-12-21*

# Bibliography / Bibliografía

Brown, Richmond F. *Coastal Encounters: The Transformation of the Gulf Coast in the Eighteenth Century*. Lincoln: University of Nebraska Press, 2007.

Cummins, Light Townsend. *To the Vast and Beautiful Land: Anglo Migration into Spanish Louisiana and Texas, 1760s–1820s*. College Station: Texas A&M University Press, 2019.

———. *Spanish Observers and the American Revolution, 1775–1783*. Baton Rouge: Louisiana State University Press, 1991.

Cummins, Light Townsend, Judith Kelleher Schafer, Edward F. Haas, and Michael L. Kurtz. *Louisiana: A History*. Edited by Bennett H. Wall and John C. Rodrique. New York: Wiley, Blackwell, 2014.

Din, Gilbert C. *The Spanish Presence in Louisiana, 1763–1803*. The Louisiana Purchase Bicentennial Series in Louisiana History 2. Lafayette: Center for Louisiana Studies, University of Southwest Louisiana, 1996.

Hall, Gwendolyn Midlo. *Africans in Colonial Louisiana: The Development of Afro-Creole Culture in the Eighteenth Century*. Baton Rouge: Louisiana State University Press, 1992.

Hoffman, Paul E., ed. *The Louisiana Purchase and Its Peoples*. Lafayette: Louisiana Historical Association and Center for Louisiana Studies, University of Louisiana at Lafayette, 2004.

Narrett, David E. *Adventurism and Empire: The Struggle for Mastery in the Louisiana-Florida Borderlands, 1762–1803*. Chapel Hill: University of North Carolina Press, 2015.

Quintero Saravia, Gonzalo. *Bernardo de Gálvez: Spanish Hero of the American Revolution*. Chapel Hill: University of North Carolina Press, 2018.

Smith, F. Todd. *Louisiana and the Gulf South Frontier, 1500–1821*. Baton Rouge: Louisiana State University Press, 2014.

Texada, David Ker. "The Administration of Alejandro O'Reilly as Governor of Louisiana, 1769–1770." PhD diss., Louisiana State University, 1968.

Vidal, Cecile, ed. *Louisiana: Crossroads of the Atlantic World*. Philadelphia: University of Pennsylvania Press, 2014.

Weber, David J. *The Spanish Frontier in North America*. New Haven, CT: Yale University Press, 1994.

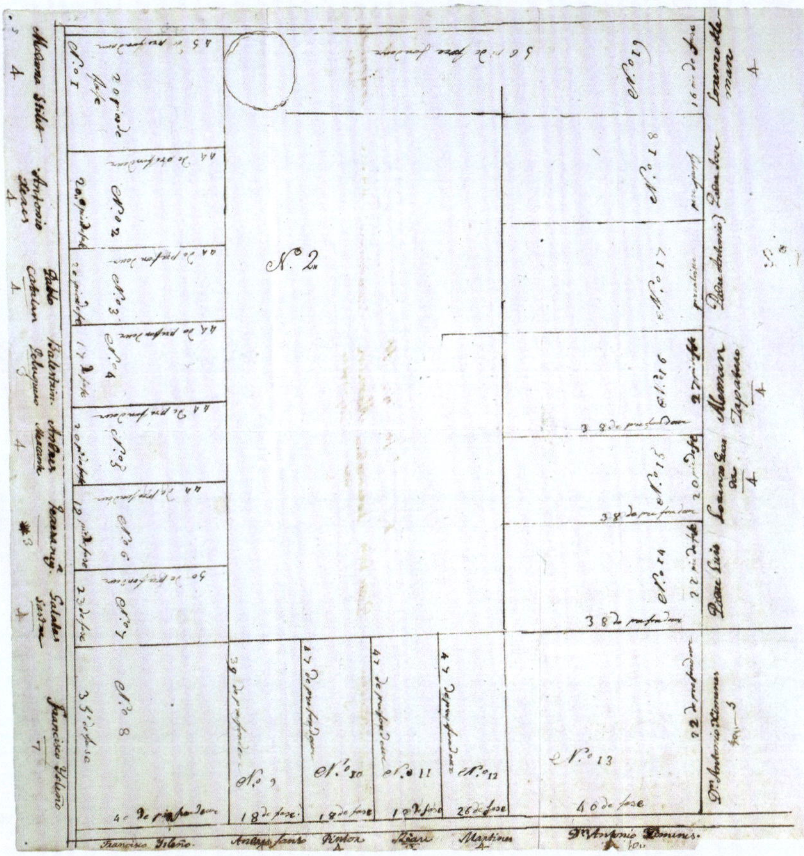

# Spotlight

After the 1788 fire, the garden behind the Presbytère, which partially extended behind the parish church of St. Louis, was subdivided into lots for residents to erect temporary homes. The plan shows how the garden was divided into lots for individual use. The names of the families are written on the lots they used.

**Plan of the subdivision into lots of the rectory garden of the parish church of New Orleans**
December 15, 1789
*courtesy of España. Ministerio de Cultura y Deporte. Archivo General de Indias, MP-Florida_Luisiana, 132*

# Un Foco

Tras el incendio de 1788, el jardín que se encontraba a espaldas del Presbytère, que en parte se extendía por detrás de la parroquia de San Luis, fue subdividido en parcelas para que los habitantes pudieran construir viviendas provisionales. El plano muestra la división del jardín en parcelas de uso individual. En estas parcelas aparecen escritos los nombres de las familias que las ocuparon.

**Plano de las casillas levantadas en el jardin de la casa curial de la parroquia de Nueva Orleans**
15 de diciembre de 1789
*cortesía de España. Ministerio de Cultura y Deporte. Archivo General de Indias, MP-Florida_Luisiana, 132*

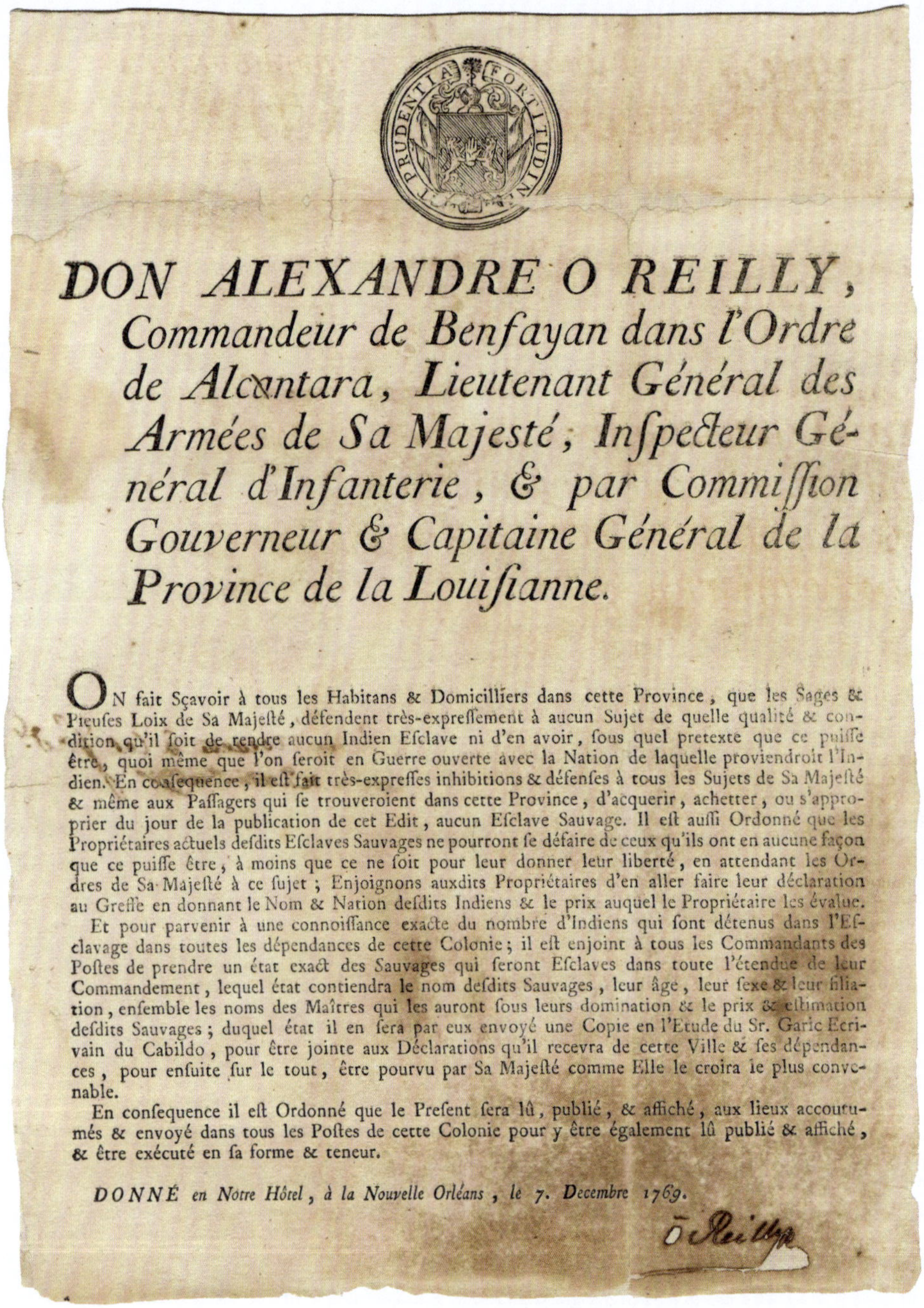

**DON ALEXANDRE O REILLY,**
*Commandeur de Benſayan dans l'Ordre de Alcantara, Lieutenant Général des Armées de Sa Majeſté, Inſpecteur Général d'Infanterie, & par Commiſſion Gouverneur & Capitaine Général de la Province de la Louiſianne.*

ON fait Sçavoir à tous les Habitans & Domicilliers dans cette Province, que les Sages & Pieuſes Loix de Sa Majeſté, défendent très-expreſſement à aucun Sujet de quelle qualité & condition qu'il ſoit de rendre aucun Indien Eſclave ni d'en avoir, ſous quel pretexte que ce puiſſe être, quoi même que l'on ſeroit en Guerre ouverte avec la Nation de laquelle proviendroit l'Indien. En conſequence, il eſt fait très-expreſſes inhibitions & défenſes à tous les Sujets de Sa Majeſté & même aux Paſſagers qui ſe trouveroient dans cette Province, d'acquerir, achetter, ou s'approprier du jour de la publication de cet Edit, aucun Eſclave Sauvage. Il eſt auſſi Ordonné que les Propriétaires actuels desdits Eſclaves Sauvages ne pourront ſe défaire de ceux qu'ils ont en aucune façon que ce puiſſe être, à moins que ce ne ſoit pour leur donner leur liberté, en attendant les Ordres de Sa Majeſté à ce ſujet ; Enjoignons auxdits Propriétaires d'en aller faire leur déclaration au Greffe en donnant le Nom & Nation desdits Indiens & le prix auquel le Propriétaire les évalue.

Et pour parvenir à une connoiſſance exacte du nombre d'Indiens qui ſont détenus dans l'Eſclavage dans toutes les dépendances de cette Colonie ; il eſt enjoint à tous les Commandants des Poſtes de prendre un état exact des Sauvages qui ſeront Eſclaves dans toute l'étendue de leur Commandement, lequel état contiendra le nom desdits Sauvages, leur âge, leur ſexe & leur filiation, enſemble les noms des Maîtres qui les auront ſous leurs domination & le prix & eſtimation desdits Sauvages ; duquel état il en ſera par eux envoyé une Copie en l'Etude du Sr. Garic Ecrivain du Cabildo, pour être jointe aux Déclarations qu'il recevra de cette Ville & ſes dépendances, pour enſuite ſur le tout, être pourvu par Sa Majeſté comme Elle le croira le plus convenable.

En conſequence il eſt Ordonné que le Preſent ſera lû, publié, & affiché, aux lieux accoutumés & envoyé dans tous les Poſtes de cette Colonie pour y être également lû publié & affiché, & être exécuté en ſa forme & teneur.

*DONNÉ en Notre Hôtel, à la Nouvelle Orléans, le 7. Decembre 1769.*

# Spotlight

As governor, Alejandro O'Reilly introduced many Spanish institutions and policies to the colony. In doing so, however, he respected the widespread use of the French language, and most government documents were published in French.

# Un Foco

Como gobernador, Alejandro O'Reilly introdujo en la colonia numerosas instituciones y políticas españolas. Sin embargo, para tal fin, respetó el uso extendido del francés, por lo que la mayoría de los documentos gubernamentales eran publicados en dicha lengua.

His December 7, 1769, proclamation definitively banned the future enslavement of Native Americans, bringing Louisiana into compliance with Spanish law. Individuals who already enslaved Native American people were ordered to report to authorities the number of enslaved people held as well as their age, sex, tribe, and monetary value.

The proclamation also granted certain rights to Native American people who were already enslaved. Among these were the right to own property, to sue their masters, and to achieve their own manumission.

---

**Opposite:** ***Don Alexandre O Reilly, commandeur de Benfayan dans l'ordre de Alcantara, lieutenant général des armées de Sa Majesté, inspecteur général d'infanterie, and par commission gouverneur and capitaine général de la province de Louisianne. On fait sçavoir a tous les habitans & domicilliers dans cette province que les sages and pieuses loix de Sa Majesté . . .***
**[Proclamation of Don Alejandro O'Reilly abolishing the enslavement of Indians within the Louisiana colony per the established laws of His Majesty and ordering an inventory of all enslaved Indians]**
New Orleans, December 7, 1769
*The Historic New Orleans Collection, 67-28-L*

Su proclama del 7 de diciembre de 1769 abolía definitivamente la futura esclavización de los nativos americanos, adaptando así Luisiana a la legislación española. Los amos de nativos americanos esclavizados debían de informar a las autoridades sobre el número de personas esclavizadas que poseían, así como de sus respectivas edades, sexo, tribu y valor monetario.

Además, la proclama concedía determinados derechos a los nativos americanos ya esclavizados, como el derecho a poseer una propiedad, el derecho a demandar a sus amos y el derecho a conseguir su propia manumisión.

---

**Opuesto:** ***Don Alexandre O Reilly, commandeur de Benfayan dans l'ordre de Alcantara, lieutenant général des armées de Sa Majesté, inspecteur général d'infanterie, and par commission gouverneur and capitaine général de la province de Louisianne. On fait sçavoir a tous les habitans & domicilliers dans cette province que les sages & pieuses loix de Sa Majesté . . .***
**[Proclamación de Don Alejandro O'Reilly que abole la esclavitud de los indígenas de la colonia de Luisiana de conformidad con lo establecido en las leyes de su majestad y mediante la que se ordena la realización de un inventario de todos los indígenas esclavizados]**
Nueva Orleans, 7 de diciembre de 1769
*The Historic New Orleans Collection, 67-28-L*

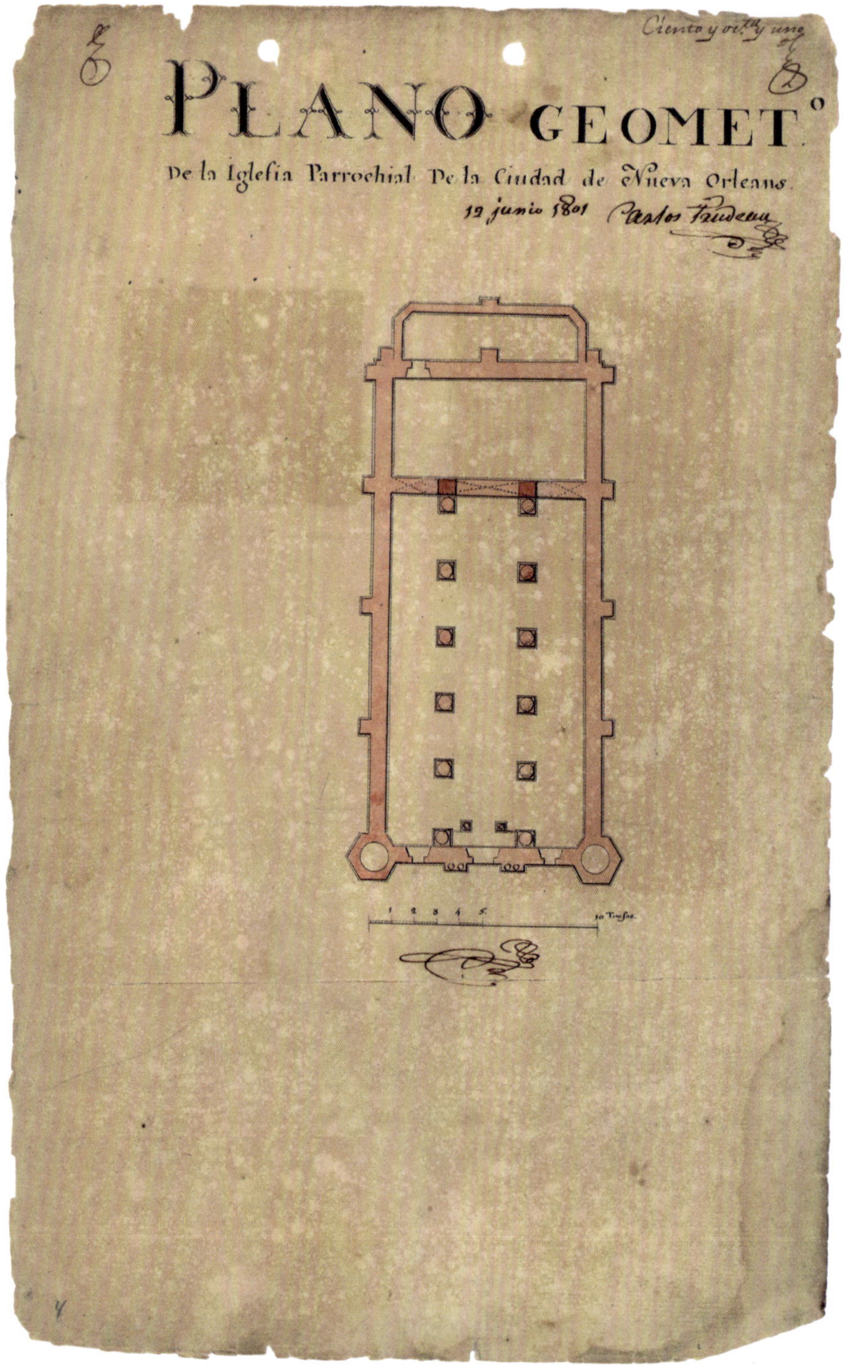


***Geometric Plan of the Parish Church of the City of New Orleans***
June 12, 1801
by Gilberto Guillemard; copied and certified by Carlos Laveau Trudeau
*courtesy of the Office of Archives and Records, Archdiocese of New Orleans*

***Plano geométrico de la iglesia parroquial de la ciudad de Nueva Orleans***
12 de junio de 1801
por Gilberto Guillemard; copiado y certificado por Carlos Laveau Trudeau
*cortesía de la Office of Archives and Records, Archdiocese of New Orleans*

# Urbanism Comes to La Nueva Orleans

BY RICHARD CAMPANELLA

Paradoxes and nuances abound in the historiography of Spain's dominion over the Louisiana colony, with assessments of diligence and benevolence as well as charges of detachment and ruthlessness.[1] The era began secretly in 1762, publicly in 1764, politically in 1766, and militarily in 1769, and ended with comparable ambiguity following an 1800–3 interregnum that saw three flags fly in as many years. In the intervening decades, Spain

1 Parts of this article were drawn from the author's previous research appearing in his books *Bienville's Dilemma: A Historical Geography of New Orleans*; *Geographies of New Orleans*; *Bourbon Street: A History*; and his other books and articles.

# El urbanismo llega a La Nueva Orleans

POR RICHARD CAMPANELLA

En la historiografía de la soberanía de España sobre Luisiana abundan las contradicciones y los matices, así como las valoraciones sobre la diligencia y la benevolencia junto con acusaciones de imparcialidad y crueldad[1]. La era comenzó en secreto en 1762, de forma pública en 1764, política en 1766 y militar en 1769; y terminó con una ambigüedad similar tras un interregno de 1800 a 1803, que vio ondear tres banderas distintas. En las

1 Algunas partes de este artículo han sido extraídas de la investigación previa del autor publicada en sus libros *Bienville's dilemma: A historical geography of New Orleans*, *Geographies of New Orleans*, *Bourbon Street: A history*, y de otros libros y artículos.

viewed Louisiana more as *barrera*, or buffer zone, protecting its true prizes to the west—yet it nonetheless strove to populate the vast colony by issuing generous land grants to *acadiens*, *malagueños*, *granadinos*, and *isleños*. Demographically, Spanish administrators sought to Hispanicize the colony, even as they married rather eagerly into its French Creole aristocracy, some of the administrators having French blood themselves. Linguistically, French prevailed among the populace, but Spanish alone was the language of official discourse. Spain also softened France's harsh Code noir for the treatment of enslaved people, allowing for *coartación* (manumission through self-purchase) and military service—yet it also revived slave imports and cracked down mercilessly on *cimarrónes* (maroons).

Most historians agree, however, that the Spanish *dons* deserve credit for bringing urbanism, city planning, and municipal government to Louisiana, namely to Nueva Orleans. In doing so, they transformed—with the impetus of disasters—an eighteenth-century village with a distinctly French-Caribbean air into something of a sturdier Spanish city built for the nineteenth century.

Consider the "city" of Nouvelle Orléans in 1732. Its defenses comprised an unimposing stockade lined with an unfinished moat. Its muddy streets were lined with "houses . . . built with wooded-front and mortar, whitewashed, wainscoted and latticed," their roofs "covered with shingles [of] thin boards."[2] Greased paper or cloth *plastille* covered windows; mud

2 Semple, *The Ursulines*, 224–25.

décadas transcurridas, España veía a Luisiana como una barrera o tierra de nadie que protegía sus verdaderos tesoros al oeste. No obstante, se esforzó por poblar la gran colonia otorgando tierras a acadianos, malagueños, granadinos e isleños. En lo que respecta a la demografía, los administradores españoles deseaban hispanizar la colonia. Tanto lo ansiaban, que se casaban con la aristocracia francesa criolla, a pesar de que algunos de estos administradores ya tenían sangre francesa. Lingüísticamente, el francés predominaba en la población, mientras que el español era la única lengua utilizada en discursos oficiales. Así mismo, España suavizó el duro *Code noir* francés para la trata de personas esclavizadas, permitiendo la coartación (manumisión a través de la autocompra) y el servicio militar, mientras que a su vez estimuló la importación de personas esclavizadas y reprimió sin piedad a los cimarrónes (personas esclavizadas rebeldes).

Sin embargo, la mayoría de los historiadores coinciden en que los señores españoles merecen ser reconocidos por traer el urbanismo y el gobierno municipal a Luisiana, en concreto, a Nueva Orleans. Al hacerlo, debido a las catástrofes sufridas por la ciudad, transformaron una ciudad del siglo XVIII con aires francocaribeños en una resistente ciudad española preparada para el siglo XIX.

Pensemos en la «ciudad» de Nouvelle Orleans en el año 1732. Sus defensas estaban formadas por una maltrecha línea de estacas con un foso inacabado. Sus calles llenas de barro estaban compuestas por «casas . . . construidas con fachadas de madera y mortero, encaladas y revestidas con paneles [de] madera y celosía» con tejados «cubiertos con finas

clad to central chimneys; and all around the abodes were rustic sheds, dovecotes, chicken coops, rabbit hutches, and gardens with picket fences.[3] To dry the soils, officials mandated that proprietors dig ditches "to drain off the water that seeps through the levee [or] from the rains which are frequent."[4] Few complied.

Improvements would come incrementally in subsequent decades, in the form of levees, roads, and more houses better designed for local conditions. But Nouvelle Orléans remained fundamentally a village half a century after its 1718 establishment; many houses were set back from the street, evincing the low population density, and some rear blocks of the French Quarter remained undeveloped.

About the only thing "urban" about circa-1760s New Orleans was its street grid, designed and laid out forty years earlier by Adrien de Pauger and Louis-Pierre Le Blond de la Tour. When the English spy Philip Pittman furtively eyed the now-Spanish colony in the late 1760s, he took note of New Orleans's well-designed layout. "All the streets are perfectly straight," he wrote, "and cross each other at right angles, [making] sixty-six squares, eleven in length by the river's side, and six in depth; the sides of these squares are one hundred yards each, and are divided into twelve lotts, for the establishment of the inhabitants."[5] But he also

3 Rowland and Sanders, "Letter," 2:616–17 and 2:259–260; Giraud, *History of French Louisiana*, 5:212. For the origin of mulberry trees in Louisiana, see Campbell, "Early Days," 35.

4 Giraud, *History of French Louisiana*, 5:214.

5 Pittman, *Settlements on the Missisippi*, 10–11.

tablas a modo de tejas»[2]. Las ventanas estaban cubiertas con papel encerado o con una tela fina llamada *plastille* y las chimeneas estaban revestidas de barro. Las zonas aledañas a las casas eran cobertizos, palomares, gallineros, conejeras y jardines con vallas de estacas[3]. Para secar la tierra, los oficiales ordenaron a los propietarios cavar zanjas «para drenar el agua que se filtraba a través del dique [o] de las frecuentes lluvias»[4]. Solamente algunos propietarios hacían lo que se les decía.

En las décadas siguientes, las mejoras irían llegando poco a poco en forma de diques, carreteras y casas mejor diseñadas para las condiciones locales. Sin embargo, Nouvelle Orleans continuaba siendo un pueblo medio siglo después de su fundación en 1718. Las casas se encontraban retiradas de la calle, lo que evidenciaba la poca densidad de su población. Además, algunas manzanas de las afueras del Barrio Francés seguían sin edificar.

Lo único que tenía de urbano la Nueva Orleans de la década de 1760 era el plano ortogonal de sus calles, diseñado y llevado a cabo cuarenta años antes por Adrien de Pauger y Louis-Pierre Le Blond de la Tour. Cuando el espía inglés Philip Pittman observó furtivamente la ahora colonia española a finales de la década de 1760, tomó nota del acertado diseño del plano de Nueva Orleans. «Todas las calles son perfectamente rectas», escribió, «se cruzan

2 Semple, *The Ursulines*, 224–25.

3 Rowland y Sanders, «Letter», 2:616–17 y 2:259–260; Giraud, *History of French Louisiana*, 5:212. Para conocer el origen de las moreras en Luisiana, consulte Campbell, «Early Days», 35.

4 Giraud, *History of French Louisiana*, 5:214.

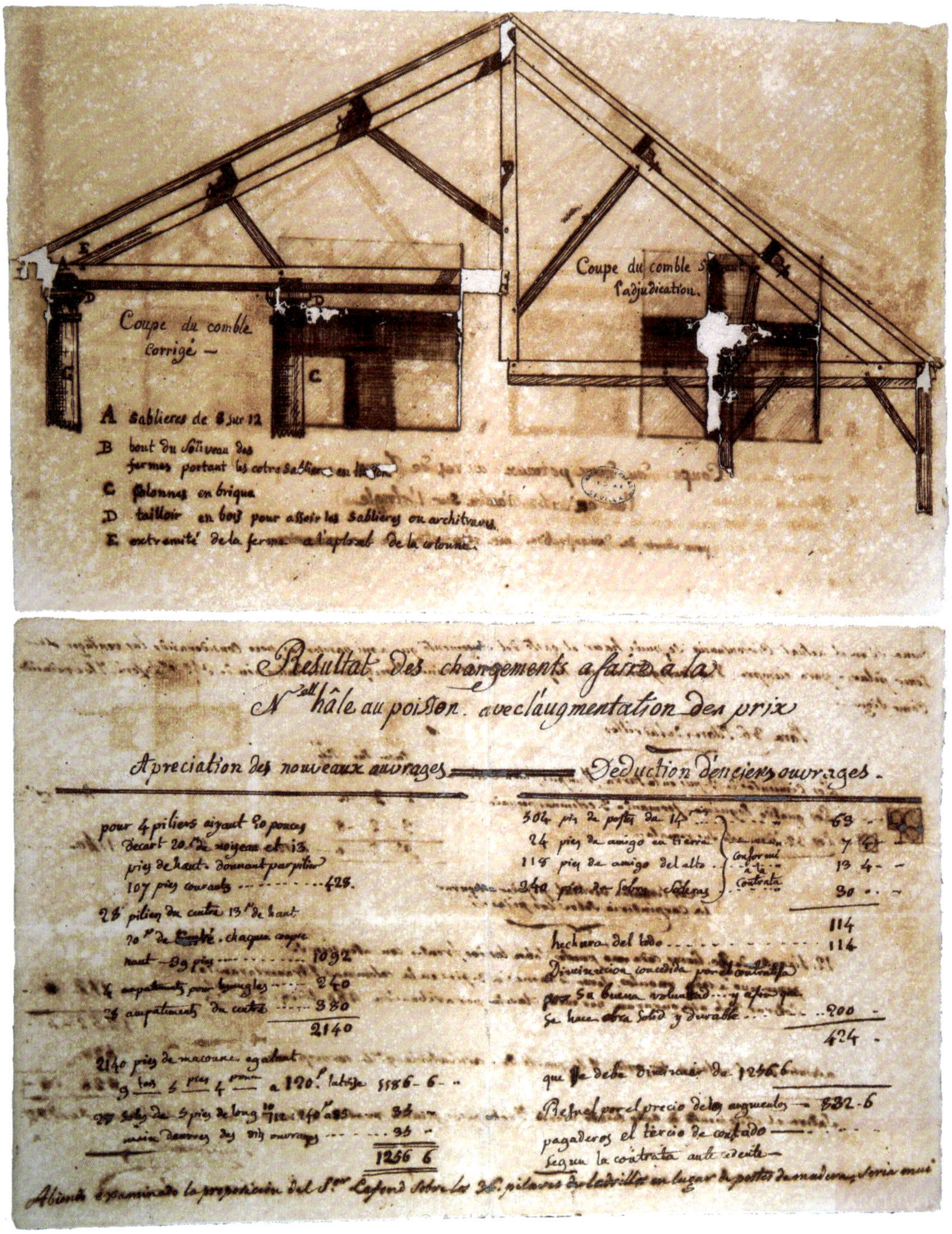
Coupe du comble corrigé —
Coupe du comble suivant l'adjudication.
A sablieres de 8 sur 12
B bout du soliveau des fermes portant les cotre sablieres en ...
C colonnes en brique
D tailloir en bois pour asseoir les sablieres ou architraves
E extremité de la ferme a l'aplomb de la colonne
Resultat des changements a faire à la Nelle hâle au poisson avec l'augmentation des prix
Apreciation des nouveaux ouvrages
Deduction des anciens ouvrages
2140
1256 6

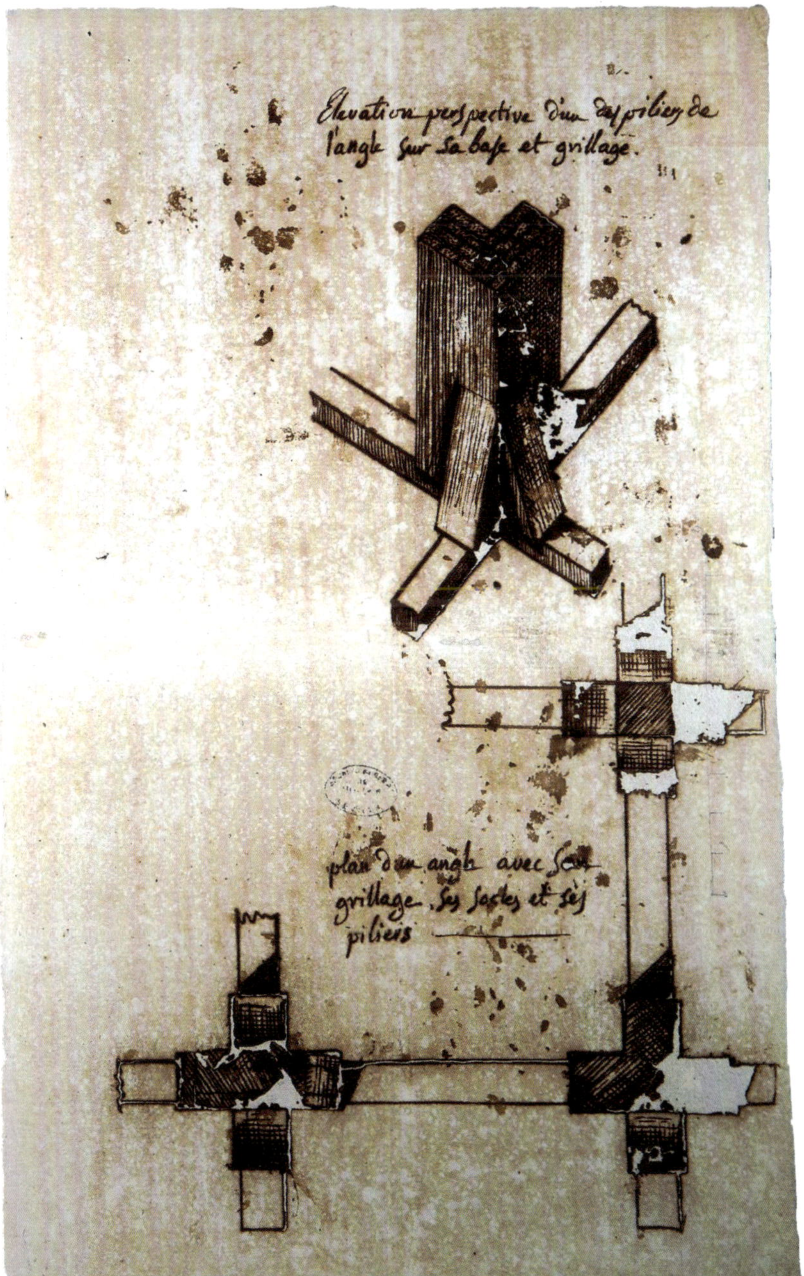


***Section Plan and Pillar Structure for Construction of the New Fish Market in New Orleans***
February 22, 1799
by Gilberto Guillemard
*courtesy of España. Ministerio de Cultura y Deporte. Archivo General de Indias, MP-Florida_ Luisiana, 210*

---

***Plano de sección y armazón de pilares para las obras la nueva lonja de pescado, en Nueva Orleans***
22 de febrero de 1799
por Gilberto Guillemard
*cortesía de España. Ministerio de Cultura y Deporte. Archivo General de Indias, MP-Florida_ Luisiana, 210*

noted the rusticity of the built environment:

"The general plan of building . . . is with timber frames filled up with brick; and most of the houses are but of one floor, raised about eight feet from the ground, with large galleries round them, and the cellars under the floors level with the ground; it is impossible to have any subterraneous buildings, as they would be constantly full of water. I imagine that there are betwixt seven and eight hundred houses in the town, most of which have gardens. The squares at the back and sides of the town are mostly laid out in gardens [with] orange-trees."[6]

Spain found in Louisiana a surplus of land and a deficiency of *pobladores* (settlers). Because a colony was only as useful as the wealth it yielded, the Spanish administration, starting with Governor Antonio de Ulloa, adopted policies to open immigration and initiate the cycle of land development, wealth production, and tax payment. Having more Spanish subjects in Louisiana would also help defend the colony against the British, thus forming a *barrera* between the foes to the north and east, and the Spanish Main to the west.[7]

These and other colony-wide policies called for an improved capital at New Orleans. Perhaps the most important step toward that end came one day after General Alejandro O'Reilly assumed the governorship, after having

6 Pittman, *Settlements on the Missisippi*, 11.

7 Din, *Populating the Barrera*, 1–22.

en ángulos rectos, [formando] sesenta y seis cuadrados, once de largo siguiendo el cauce del río por seis de ancho. Cada lado de estos cuadrados mide 100 yardas y se encuentran divididos en doce solares para su uso por parte de los habitantes»[5]. Aunque no todo fueron alabanzas, también tomó nota de la rusticidad de sus edificaciones:

«Normalmente se construye . . . con estructuras de madera cuyos huecos se tapian con ladrillo. La mayoría de las casas son de una planta, de ocho pies de alto, con largas galerías que las rodean. Los sótanos están al nivel del suelo, ya que es imposible concebir cualquier tipo de edificación subterránea sin que se inunde de forma constante. Me figuro que habrá entre unas setecientas y ochocientas casas en la ciudad, la mayoría con jardín. Gran parte de los solares de los lados y de la parte final de la ciudad son jardines [con] naranjos»[6] .

En Luisiana, España se encontró con un exceso de tierra y con un déficit de pobladores. Como la utilidad de una colonia se medía por la riqueza que producía, a partir del mandato del gobernador Antonio de Ulloa, la administración española adoptó políticas que incentivaron la inmigración e inició el ciclo de urbanización, producción de riquezas y pago de impuestos. Además, el aumento de población española en Luisiana ayudaría a defender la colonia de los

5 Pittman, *Settlements on the Missisippi*, 10–11.

6 Pittman, *Settlements on the Missisippi*, 11.

suppressed discontented French Creoles in the so-called Rebellion of 1768. On August 18, 1769, a scribe wrote the first entry in the Actas de Cabildo, where ministerial deliberations and decrees would be officially recorded. Whereas the French had governed the entire Louisiana colony through a court known as the Superior Council, O'Reilly replaced that body with a local government known formally as the Very Illustrious New Orleans Cabildo. Staffed with regidores (councilors) of various ranks who answered to the governor, this advisory council would become Louisiana's first municipal government, effectively New Orleans's first city hall, and because New Orleans's urban problems lay right outside the door, the regidores had no choice but to address them.

Cabildo deliberations tended to be reactionary: a problem or complaint came to light, debate ensued, and interventions were decreed, in effect creating early land-use rules and proto-zoning guidelines. However, the regidores ultimately could only advise the governor, and many apparent rulings were ignored or not enforced. Readers of the records today should not assume that everything that was decreed became actualized.[8]

Case in point: saloons. As early as 1769, Governor O'Reilly imposed regulations on drinking establishments.[9] As a mechanism to manage this and other matters, the Spanish in 1779 subdivided the city into administrative

8 Din and Harkins, *The New Orleans Cabildo,* 42–58; Vella, *Intimate Enemies,* 22–32.

9 Din and Harkins, *The New Orleans Cabildo,* 15.

británicos, formando así una barrera entre los enemigos del norte y del este, encontrándose al oeste Tierra Firme[7].

Esta y otras políticas a nivel colonial requerían de la mejora de la capital, Nueva Orleans. Puede que el paso más importante hacia el objetivo anterior se diera un día después de que el general Alejandro O'Reilly asumiera el gobierno tras haber reprimido durante la revuelta de 1768 a los franceses criollos descontentos. El 18 de agosto de 1769, un amanuense escribió la primera entrada en las *Actas de Cabildo,* donde se registraban oficialmente las deliberaciones y decretos ministeriales. Mientras que los franceses habían gobernado toda la colonia de Luisiana a través de un tribunal conocido como el Tribual Superior, O'Reilly sustituyó dicho organismo por un gobierno local conocido formalmente como el Ilustre Cabildo de Nueva Orleans. Estaba compuesto por regidores de varios rangos que respondían ante el gobernador. Este consejo consultivo se convertiría en el primer gobierno municipal de Luisiana. De hecho, el Cabildo fue el primer ayuntamiento de Luisana. Además, como los problemas de urbanismo de Nueva Orleans se encontraban nada más salir por la puerta, los regidores no tuvieron más remedio que solucionarlos.

Las deliberaciones del Cabildo tendían a ser conservadoras: se presentaba un problema o queja, se debatía y se decretaban las intervenciones que se llevarían a cabo, lo que en poco tiempo dio lugar a reglamentos sobre el uso de la tierra y a las primeras directrices

7 Din, *Populating the Barrera,* 1–22.

# Spotlight

The great fire of 1788 caused extensive destruction not only to residences, but also to government buildings. In response to the tragedy, civil servant and philanthropist Andrés Almonester y Roxas volunteered to fund the rebuilding of the Cabildo (the town hall, or Casa del Gobierno), the parish church (not yet a cathedral), and the Presbytère, or priests' residence. As a result of this act and other such contributions to New Orleans, he was awarded the Royal Order of Carlos III.

# Un Foco

El gran incendio de 1788 devoró viviendas y edificios públicos. En repuesta a la tragedia acontecida, el funcionario y filántropo Andrés Almonester y Roxas se ofreció a financiar la reconstrucción del Cabildo, conocido también como Casa del Gobierno; de la parroquia, que por aquel entonces aún no era catedral, y del Presbytère, también denominado Casa Curial. Por esta y muchas otras contribuciones a Nueva Orleans, fue nombrado miembro de la Real Orden de Carlos III.

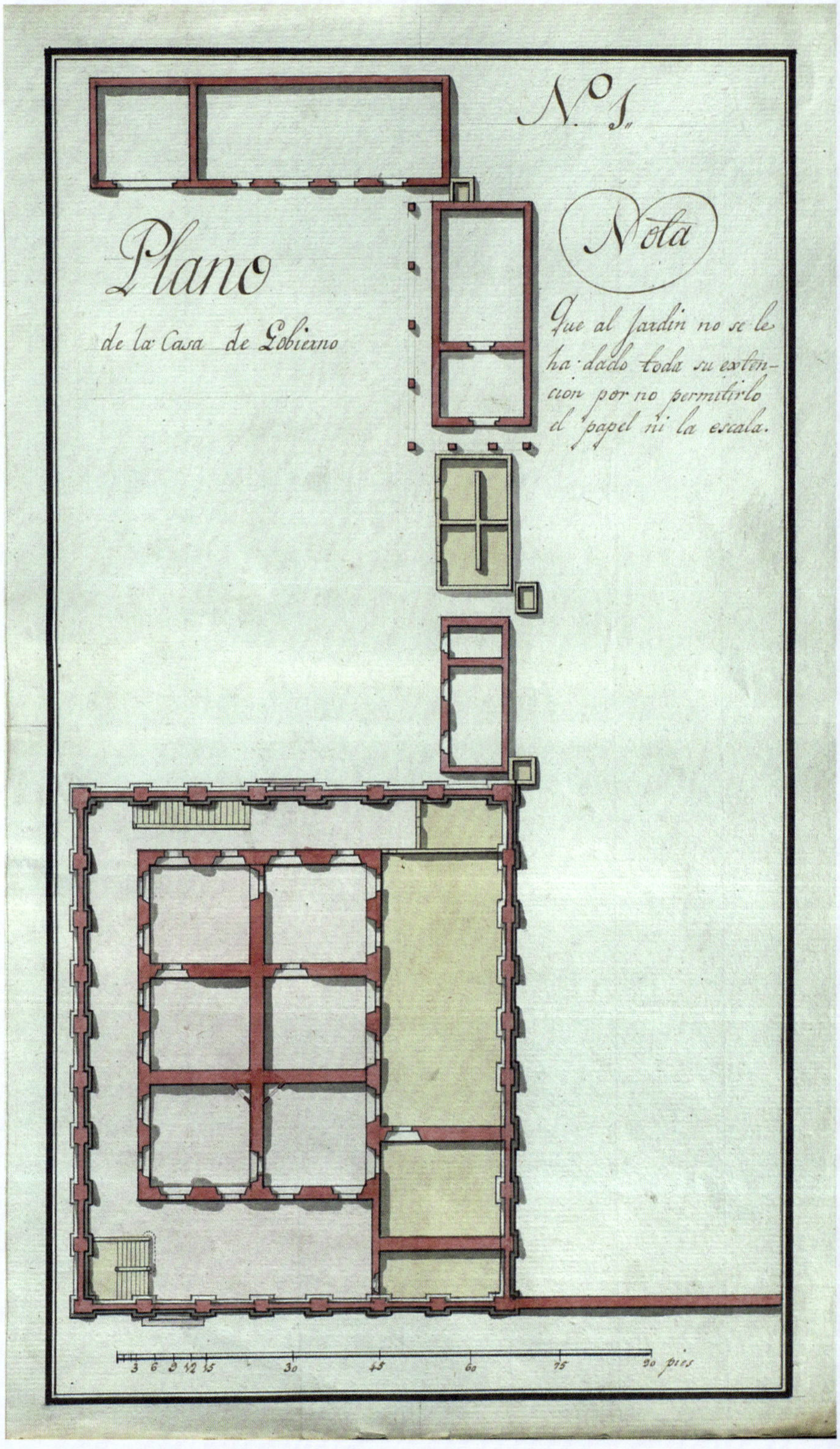

**Opposite:** ***Plan of the Government House***
1804
from Inventory of Existing Royal and Military Buildings in the City of New Orleans, plan number 1
*courtesy of España. Ministerio de Cultura y Deporte. Archivo Histórico Nacional*

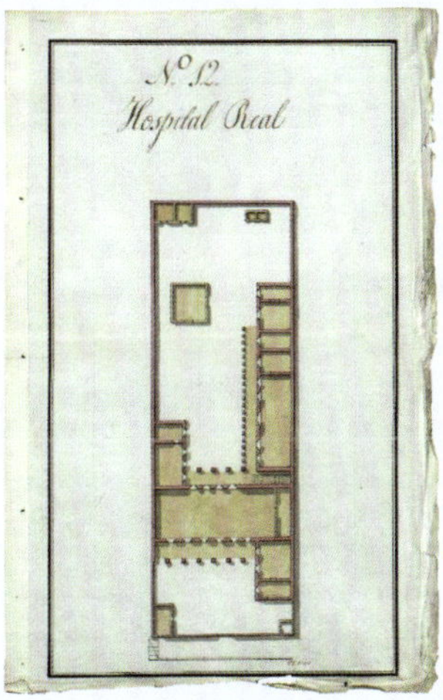


***Royal Hospital***
1804
from Inventory of Existing Royal and Military Buildings in the City of New Orleans, plan number 12
*courtesy of España. Ministerio de Cultura y Deporte. Archivo Histórico Nacional*

---

***Hospital real***
1804
extraído de Inventario de los edifi cios reales y militares existentes en la ciudad de La Nueva Orleans, plano número 12
*cortesía de España. Ministerio de Cultura y Deporte. Archivo Histórico Nacional*

**Opuesto:** ***Plano de la casa del gobierno***
1804
extraído del Inventario de los edificios reales y militares existentes en la ciudad de La Nueva Orleans, plano número 1
*cortesía de España. Ministerio de Cultura y Deporte. Archivo Histórico Nacional*

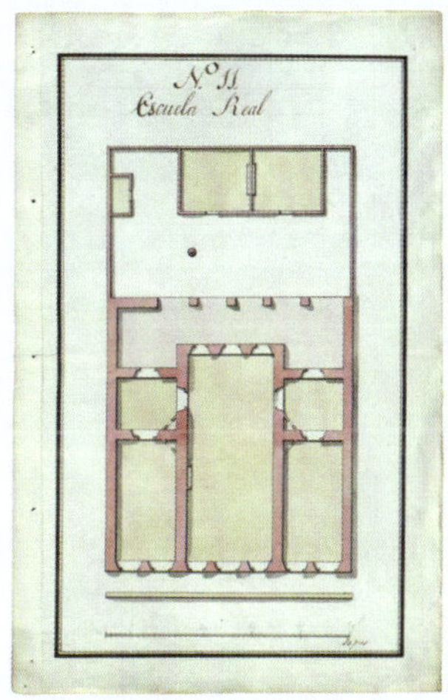


***Royal School***
1804
from Inventory of Existing Royal and Military Buildings in the City of New Orleans, plan number 11
*courtesy of España. Ministerio de Cultura y Deporte. Archivo Histórico Nacional*

---

***Escuela real***
1804
extraído de Inventario de los edificios reales y militares existentes en la ciudad de La Nueva Orleans, plano número 11
*cortesía de España. Ministerio de Cultura y Deporte. Archivo Histórico Nacional*

wards.[10] New Orleans has had various iterations of wards ever since. Yet they seemed to have failed in suppressing the local enthusiasm for libations, because fully thirty years later, according to Cabildo records, "[t]averns, inns . . . rooming houses, billiard halls, restaurants and soft drink establishments" and "a very large number of Cabarets" still proliferated citywide, many run by Catalonians from Barcelona. "There is almost not a single street," growled one regidor, "where there is not one or more cabarets[,] places of idleness and vices so disgraceful and . . . degrading to humanity."

Food wholesaling and retailing presented an array of conflicts, as it occurred ad hoc with minimal oversight for sanitation. Fishermen sold their catch "in the plaza [and] in the heat of the sun" and dumped "blood, gills and other waste" by people's houses. Hunters hawked spoiled meat in the hope of squeezing a last picayune out of their kill. "This abuse being bad for the public health," authorities threw the meat into the river "in [the hunter's] presence" and slapped a fine on the offender.[11]

The Cabildo devised an urban solution to the food problem. In 1780, engineers erected the city's first public market, a sixty-by-twenty-two-foot wooden pavilion for butchers. It was replaced by a sturdier, covered structure in 1782,[12] and on September 10, 1784, "the Cabildo decided to construct a market large enough to accommodate all the daily food supplies [all]

10 Cabildo, *Acts and Deliberations*, September 1799 and February 7, 1800. See also April 30, 1779, entry for delineations of wards.

11 Ibid., September 10, 1784.

12 Din and Harkins, *The New Orleans Cabildo*, 186.

sobre urbanismo. Sin embargo, en última instancia, los regidores solamente podían aconsejar al gobernador, por lo que muchos de estos reglamentos fueron ignorados o no se aprobaron. Los lectores que hoy en día lean estos documentos no deben asumir que todo lo que se decretaba entraba en vigor[8].

Un caso ilustrativo son los salones. Ya por el año 1769, el gobernador O'Reilly había establecido unas normas para los establecimientos de bebidas[9]. Para poder gestionar esta y otras medidas, los españoles subdividieron la ciudad en distritos administrativos en 1779[10]. Desde entonces, Nueva Orleans ha tenido varias iteraciones de distritos. Sin embargo, parece que no tuvieron éxito a la hora de contener el entusiasmo local por las libaciones, ya que 30 años después, según los registros del Cabildo, «[t]abernas, posadas . . . pensiones, salas de billares, restaurantes y establecimientos de bebidas no alcohólicas» y «un gran número de cabarés» todavía proliferaban por toda la ciudad, dirigidos en su mayoría por catalanes de Barcelona. «No hay ni una sola calle», se quejaba uno de los regidores, «donde no haya uno o más cabarés[,] lugares de ocio y de vicios tan vergonzosos y . . . degradantes para la humanidad».

La venta de alimentos al por mayor y al por menor trajo consigo varios problemas, ya que la

8 Din y Harkins, *The New Orleans Cabildo*, 42–58; Vella, *Intimate Enemies*, 22–32.

9 Din y Harkins, *The New Orleans Cabildo*, 15.

10 Cabildo, *Acts and Deliberations*, septiembre de 1799 y 7 de febrero de 1800. Para las delineaciones de los distritos administrativos, véase también la entrada de 30 de abril de 1779.

in one place. . . . This public market will be large enough to receive the merchandise and accommodate the peddlers and will protect them from the bad weather and excessive heat which spoils the provisions, as well as from the heavy rains and extreme cold weather. . . . [T]his public market should be centrally located."[13]

After this pavilion, built on Saint Ann Street by the levee, was destroyed by fire, the Cabildo replaced it between 1790 and 1792 with an open-air market that was later enclosed as a stall market. Tradition holds the year 1791 as the foundation of the French Market. The emporium, today a festival marketplace, has been under municipal operation continuously since Spanish colonial times.

Streets in Spanish New Orleans, like today's, required constant maintenance. Cabildo records are replete with discussions of *puentes*, wooden planks arranged like bridges atop drainage gutters. Authorities required owners to construct *puentes* in front of their properties, but widespread noncompliance forced the Cabildo to hire contractors funded by property owners or a tax levied on cart proprietors.

Hooves, feet, wheels, wind, and rain eroded street surfaces unevenly. In response, the Cabildo tasked contractors to regrade the streets with fill, using a leveling device to measure proper inclinations and shore up

13 Cabildo, *Acts and Deliberations*, September 10, 1784.

supervisión de las condiciones de salubridad era mínima. Los pescadores vendían el pescado «en la plaza [y] al calor del sol» tirando «la sangre, branquias y otros deshechos» junto a las casas. Los cazadores vendían carne podrida con la esperanza de sacar hasta el último picayún (moneda que valía medio real) de su presa. Como «se trata de una práctica abusiva y perjudicial para la salud pública», las autoridades tiraban la carne al río «en presencia [del cazador]» e imponían una multa al infractor[11].

El Cabildo ideó una solución de carácter urbano para abordar este problema. En 1780, varios ingenieros levantaron el primer mercado para los carniceros, un pabellón de madera de sesenta por veintidós pies. En 1782, fue reemplazado por una estructura cubierta más sólida[12]. El 10 de septiembre de 1784, «el Cabildo decidió construir un mercado lo suficientemente grande para que diera cabida en un mismo lugar a todos los proveedores de productos básicos . . . Este mercado tendría el tamaño suficiente para recibir la mercancía y albergar a los vendedores ambulantes. Además, los protegería de las inclemencias del tiempo, como el calor excesivo, que estropeaba los productos, o las fuertes lluvias y el frío extremo . . . [E]ste mercado debería encontrase en un lugar céntrico»[13].

Después de que este pabellón, construido junto al dique en la calle Santa Ana, fuera

11 Cabildo, *Acts and Deliberations*, 10 de septiembre de 1784.

12 Din y Harkins, *The New Orleans Cabildo*, 186.

13 Cabildo, *Acts and Deliberations*, 10 de septiembre de 1784.

blocks so runoff would flow into the gutters. This placed a premium on sediment, which citizens preferred to excavate locally. But this excavation caused "pools [to] be formed and the water [to] become stagnant which is detrimental to the public health." So the Cabildo required residents to "bring [earth] from the outskirts of the city, instead of . . . the central section . . . for the construction of houses or for repairing the sidewalks."[14]

The Cabildo also created a street sanitation service, providing horse- or mule-drawn wagons, fodder, and wages for hired-out enslaved people to dispose of refuse. The beasts, of course, fertilized the streets, which, along with mud, puddles, potholes, ditches, and nailed planks, made a walk across New Orleans a hazardous adventure—worse so at night. When "loiterers or people of bad character" became a nightly nuisance, the Cabildo mandated owners of corner properties to erect gas lanterns with reflective tin backing. Two years later, the Cabildo ordered eighty-six oil lamps from Philadelphia, and hired a blacksmith to determine their best placement. He advised to install wooden posts at each corner, with an iron arm extending the glass-encased lamp into the intersection. Costs for the "oil, cotton, sulphur, wicks, flints, and steel . . . to make sparks," plus nightly lighting and maintenance, was borne by property owners based on their frontage, although this was later changed to a chimney tax and a flour tax. Fuel for the lamps came from fish oil, bear oil, and

14 Cabildo, *Acts and Deliberations*, February 24, 1792, and February 15, 1799.

consumido por el fuego, el Cabildo, entre 1790 y 1792, decidió reemplazarlo por un mercado al aire libre que posteriormente pasaría a ser un mercado cerrado. Tradicionalmente, se considera el año 1791 como el año de fundación del Mercado Francés (French Market). Este emporio, actualmente un mercado con festivales y eventos de ocio, ha estado bajo la gestión municipal desde la época colonial española.

Al igual que las calles de hoy en día, las de la Nueva Orleans española también requerían de un mantenimiento constante. Los documentos del Cabildo están repletos de discusiones acerca de los puentes de madera sobre los canales de desagüe «para así evitar el hedor del agua contaminada y estancada», mientras se ensanchaban las pasarelas peatonales, conocidas como *banquettes*. Las autoridades pedían a los propietarios que construyeran puentes delante de sus propiedades. Como estos no cumplían esta petición, el Cabildo se vio obligado a solicitar los servicios de contratistas financiados con el dinero de los propietarios de las viviendas o con un impuesto que recaía sobre los propietarios de carros.

Los cascos de los caballos, las pisadas, las ruedas, el viento y la lluvia erosionaban de forma irregular la superficie de la calle. Como solución, el Cabildo pidió a los contratistas que volvieran a nivelar las calles cubriendo los desniveles y utilizando herramientas de nivelación para medir las inclinaciones adecuadas. Así mismo, también se les pidió

pelican grease. To save money, street lamps were lit only twenty-two nights monthly, "based on the decrease or increase of the light of the moon."[15]

Another Spanish urban improvement came in military defense. Le Blond de la Tour and Pauger had sketched fortifications around New Orleans following the guidelines of military engineer Sébastien Le Prestre de Vauban, and maps from the 1720s show intimidatingly impenetrable ramparts. But these depictions were either visions or deceptions, aimed to dissuade enemies or impress distant bosses. In fact, hardly anything was built until the 1729 Natchez Indian uprising, after which authorities erected a palisade and dug a shallow moat. When emplacements were finally installed thirty years later, during the French and Indian War, the French Crown came to realize its earlier funding had been misspent, and a corruption scandal ensued.

Not until the Spanish arrived were five bastions finally built. Part of the impetus was the presence of the British in West Florida, just across Lake Pontchartrain—which also explains the "Spanish Fort" built at the mouth of Bayou Saint John. The bastions "were [also] intended to serve as a refuge for the friends of the government," wrote James Pitot in 1802, "in case of [slave] insurrection, so dreaded from 1793 to 1796," a reference to the ongoing uprising of enslaved people in Saint-Domingue, which would soon give rise

15 Cabildo, *Acts and Deliberations*, May 11, 1798; March 29, 1799; October 5, 1792; May 2, 1794; May 23, 1794; August 1, 1794; March 11, 1796; February 1799; and March–April 1796.

que apuntalaran las manzanas para que la escorrentía fluyera hasta los canales de desagüe. Esta solución hizo que se revalorizara la tierra, así que los ciudadanos prefirieron excavar localmente. Sin embargo, estas excavaciones provocaron «que se crearan balsas en las que el agua se estancaba, siendo esto perjudicial para la salud pública». Debido a esta situación, el Cabildo pidió a los residentes que «trajeran [tierra] de las afueras de la ciudad en vez de . . . cogerla de las zonas más céntricas . . . para la construcción de las casas o la reparación de las aceras»[14].

De esta manera, el Cabido creó un servicio para el saneamiento de las calles, proporcionando pienso a los caballos o mulas que tiraban de los carros y ofreciendo un salario a las personas esclavizadas contratadas para la limpieza de deshechos. Las bestias, como es de esperar, defecaban en las calles, lo cual, junto con el barro, charcos, agujeros, zanjas y tablas con clavos hacían de pasear por las calles de Nueva Orleans toda una peligrosa aventura que empeoraba al caer la noche. Cuando «los merodeadores y personas violentas» pasaron a ser una molestia por las noches, el Cabildo ordenó a los propietarios de las parcelas que hacían esquina que instalaran faroles de gas con el fondo de estaño reflectante. Dos años más tarde, el Cabildo ordenó que se instalaran ochenta y seis lámparas de aceite traídas de Filadelfia. Además, contrató a un herrero para que determinara cuál sería su mejor ubicación. El herrero aconsejó que se instalaran postes de

14 Cabildo, *Acts and Deliberations*, 24 de febrero de 1792 y 15 de febrero de 1799.

to the independent nation of Haiti.[16] Bastions named Borgoña (Burgundy), San Fernando, and San Juan were built to guard the rear (lake side) of the city, each being an earthen berm fortified with timber palisades fronted by a thirty-foot-wide moat with four-foot-deep water. The forts were manned by up to 100 troops, who resided in barracks inside and moved about on wooden walkways. Forts San Louis and San Carlos, at the upper and lower riverside corners of the city, were similar except that their walkways were covered, making them look something like frontier stockades.[17]

In the early afternoon of Good Friday in 1788, a woman in a house at Chartres and Toulouse Streets "crown[ed] her devotion by making a small altar [and] left several candles burning. . . . During her absence a candle fell . . . and the house in an instant was in flames."[18] Winds whipped the fire outwardly, and, fueled by "the powders which the merchants had in their stores," it exploded across six blocks. By late afternoon, "4/5 of the populated section of this City was reduced to ashes, [including] the Parish Church and House, Cabildo and Jail [and] the part of the City most important

16 Pitot, *Colony of Louisiana*, 106.

17 Toledano and Christovich, *Faubourg Tremé*, 6; Campanella, "'Fort-Prints.'"

18 Soniat du Fossat, *Synopsis of the History*, 27; Cabildo, *Acts and Deliberations*, March 26, 1788.

madera en cada esquina con unos brazos de hierro que prolongarían la lámpara recubierta en vidrio hasta la intersección. Los costes del «aceite, algodón, sulfuro, mechas, pedernales e hierro . . . para prender las chispas», junto con el alumbramiento nocturno y el mantenimiento, eran sufragados por los propietarios de acuerdo con sus fachadas, aunque más tarde se cambió por un impuesto sobre las chimeneas y otro sobre la harina. El aceite de pescado, aceite de oso o grasa de pelícano servían de combustible para las lámparas. Para ahorrar dinero, las lámparas solamente se encendían veintidós noches al mes, «dependiendo de la intensidad de la luz de la luna»[15].

Otra mejora urbanística de los españoles se produjo en las defensas militares. Le Blond de la Tour y Pauger hicieron un boceto de fortificaciones alrededor de Nueva Orleans siguiendo las pautas del ingeniero militar Sébastien Le Prestre de Vauban. Existen mapas de la década de 1720 que muestran intimidantes e impenetrables murallas. Sin embargo, estas representaciones eran imágenes o engaños para disuadir a los enemigos o impresionar a jefes de potencias lejanas. De hecho, apenas había construcciones militares antes del levantamiento de los indios Natchez en 1729, tras el cual las autoridades erigieron una empalizada y cavaron un foso poco profundo. Cuando finalmente treinta años después se instalaron las bases, durante la guerra franco-

15 Cabildo, *Acts and Deliberations*, 11 de mayo de 1798; 29 de marzo de 1799; 5 de octubre de 1792; 2 de mayo de 1794; 23 de mayo de 1794; 1 de agosto de 1794; 11 de marzo de 1796; febrero de 1799; y marzo–abril de 1796.

and best situated."[19] A total of 856 "fine and commodious houses valued on an average at three thousand dollars each" were destroyed,[20] including most French-era buildings. Roughly 80 percent of the city lay in ruins.

Although hundreds of French colonial structures disappeared in the 1788 blaze, the French architectural tradition, infused with "creolized" West Indian influences, generally survived. The best extant example is Madame John's Legacy, which was literally built on the ashes of the 1788 fire, yet looks to this day like a relic from French times. The Cabildo's policy response to the disaster entailed fire suppression, as it requested from its superiors "four pumps . . . 60 leather buckets . . . two hooks with a chain . . . rope . . . and six hooks with long wooden handles."[21]

New Orleanians persevered in the aftermath, thanks to the leadership of Governor Miró, the Cabildo's provisioning of food and shelter, the generosity of Don Andrés Almonester y Roxas in funding reconstruction, the easing of trade regulations, and the formation of the city's first suburb. Within weeks of the 1788 blaze, city surveyor Carlos Laveau Trudeau laid out the Suburbia Santa Maria upon the former Gravier Plantation (the Creoles would call it the Faubourg Ste. Marie, and

19 Cabildo, *Acts and Deliberations*, April 3, 1788.

20 Soniat du Fossat, *Synopsis of the History*, 27–28.

21 There had been some earlier fire safety legislation. Since 1775, homeowners were obligated to clean their chimneys periodically, subject to the inspection of the Cabildo and fines if inadequately cleaned. Cabildo, *Acts and Deliberations*, October 20, 1775.

india, la Corona francesa se dio cuenta de que su anterior financiación había sido malgastada, dando lugar a un escándalo de corrupción.

Hubo que esperar a la llegada de los españoles para que finalmente se construyeran cinco baluartes. Parte de la premura para su construcción era la presencia de británicos al oeste de Florida, justo en la otra orilla del lago Pontchartrain, lo que también explica que se construyera el fuerte español en la boca del pantano San Juan (Bayou Saint John). Los baluartes «[también] tenían por objetivo servir de refugio para los amigos del gobierno», según escribió James Pitot en 1802, «en caso de insurrección [de personas esclavizadas] como tanto se temió de 1793 a 1796», en referencia a la insurrección de personas esclavizadas que en ese momento estaba teniendo lugar en Saint-Domingue, que pronto resultaría en la nación independiente de Haití[16]. Los baluartes de Borgoña, San Fernando y San Juan se construyeron para proteger las afueras de la ciudad (la zona del lago). Cada baluarte era una berma de tierra fortificada con empalizadas de madera presidido por un foso de agua de treinta pies de anchura y cuatro de profundidad. Los baluartes estaban guarnecidos con 100 soldados, que vivían en las barracas interiores y se desplazaban sobre pasarelas de madera. Los fuertes de San Louis y San Carlos, en las riberas de la esquina superior e inferior de la ciudad, eran iguales excepto por las pasarelas, las cuales estaban cubiertas, lo que les daba aspecto de empalizadas fronterizas[17].

16 Pitot, *Colony of Louisiana*, 106.

17 Toledano y Christovich, *Faubourg Tremé*, 6; Campanella, «Fort-Prints».

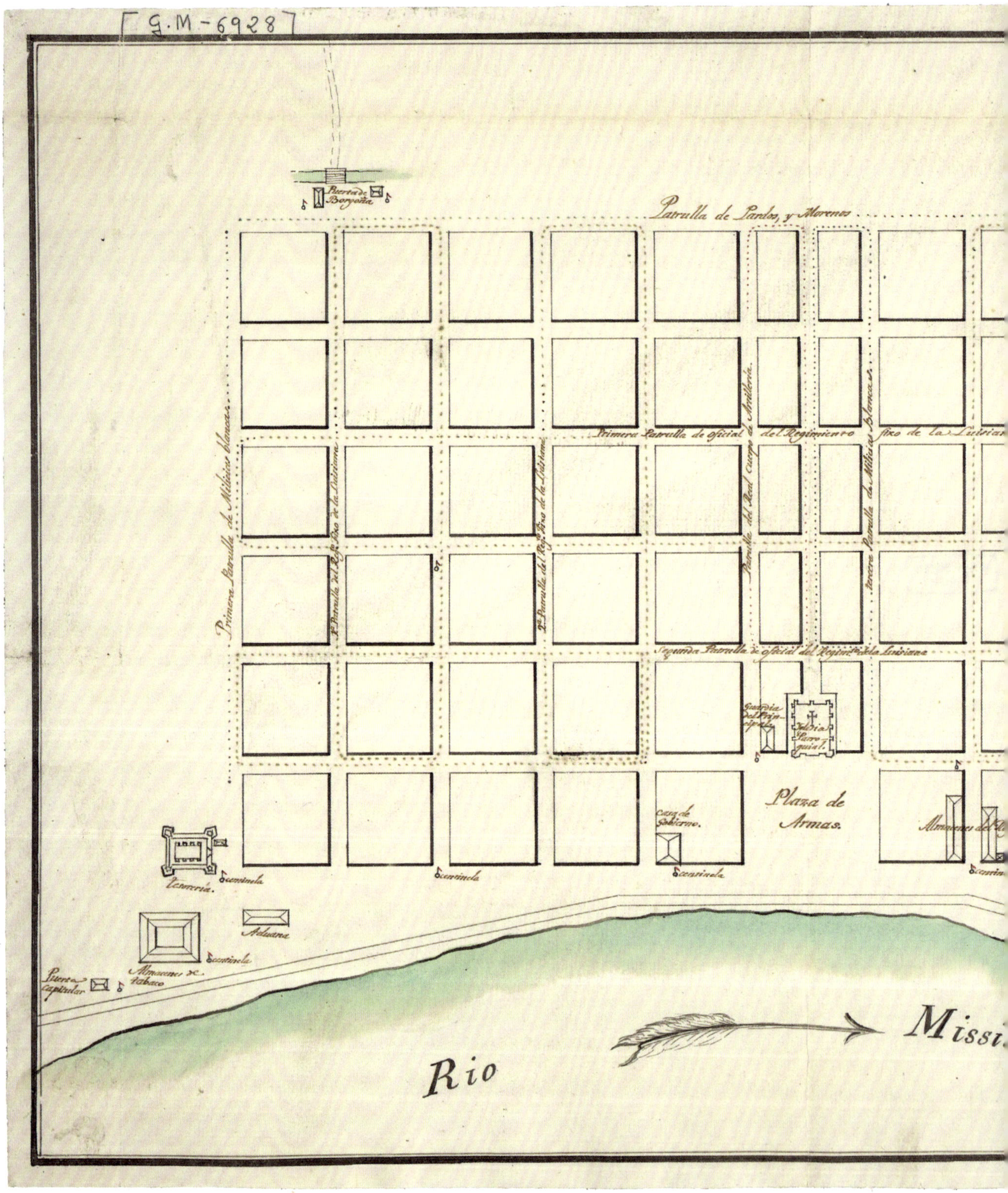
G.M-6928
Patrulla de Pardos, y Morenos
Plaza de Armas.
Casa de Gobierno.
Almacenes de tabaco
Aduana
Puerta capitular
Rio
Missi

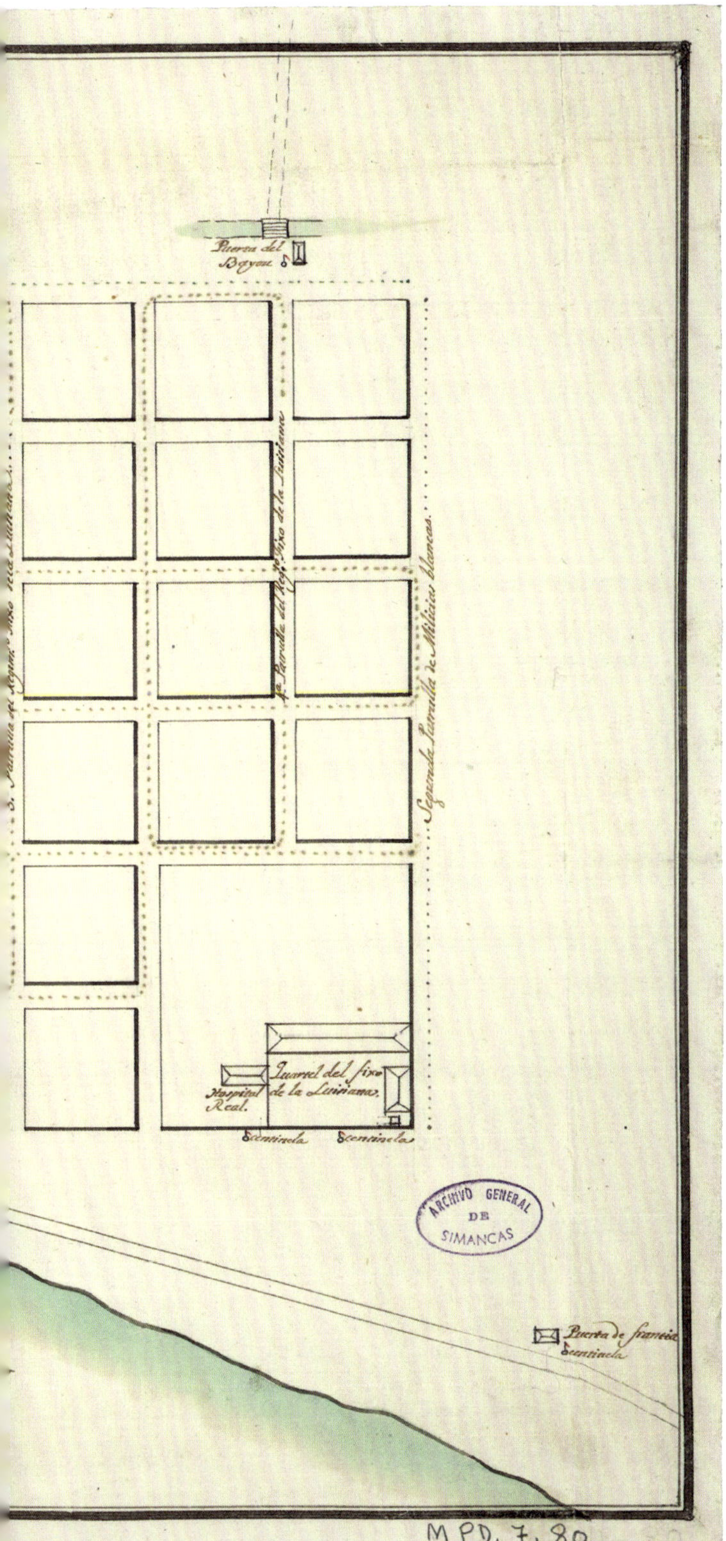


A primera hora de la tarde del Viernes Santo de 1788, una mujer en una casa entre las calles Chartres y Toulouse «culminó su devoción colocando un pequeño altar [y] dejando varias velas encendidas . . . Durante su ausencia, una de las velas se cayó . . . prendiendo fuego a la casa instantes después»[18]. En el exterior, el viento avivaba el fuego que, alimentado por «la pólvora que los comerciantes guardaban en sus tiendas», dio lugar a una explosión que afectó a seis manzanas. A última hora de la tarde, «cuatro quintas partes de la ciudad quedaron reducidas a cenizas, [incluidos] el Cabildo, la iglesia y casa parroquiales, la cárcel [y] la parte más importante y mejor

---

**Plan of New Orleans showing the fire patrols of the various military regiments, including the "Pardos y Morenos"**
July 2, 1791
*courtesy of España. Ministerio de Cultura y Deporte. Archivo General de Simancas. MPD,7,80*

---

**Plano de Nueva Orleans que muestra las patrullas antincendios de los diferentes regimientos militares, incluida la del Regimiento de Pardos y Morenos**
2 de julio de 1791
*cortesía de España. Ministerio de Cultura y Deporte. Archivo General de Simancas. MPD,7,80*

---

18 Soniat du Fossat, *Synopsis of the History*, 27; Cabildo, *Acts and Deliberations*, 26 de marzo de 1788.

today it is the Central Business District). While Trudeau probably intended only to speed the recovery by creating a new urban "blank slate," he also initiated a plantation-to-subdivision development sequence that would iterate, upriver and downriver, for a century to come, and eventually transform nearly the entire crescent from an agrarian to an urban landscape.

A few months later, the Cabildo made another influential urban planning move as it discussed the old French burial ground on Saint Peter Street and Burgundy. "[Such] a great number of people [are] buried in the cemetery . . . that there is no room for any more; and at the time of digging the graves, the remains of other deceased are found, which not only cause annoyance but [also] bad odor, which due to the proximity to the City may be the cause for infection [and] epidemics of disease. . . . [Thus] it was deemed necessary to establish another cemetery, located further from the City."[22] In 1789, the Spanish created a new cemetery on Saint Louis Street, outside the fortifications and featuring above-ground tombs and mausoleums. This method not only reflected Spanish cultural traditions, but also greatly increased cemetery capacity—tombs could hold dozens of remains; a grave only one—and negated the need to dig drainage trenches or manipulate soil water conditions. The above-ground entombment tradition persists today, and Saint Louis Cemetery No. 1 remains open for both the living and the dead.

Governor Miró was replaced in 1792 by an equally capable Belgian-born baron named

22 Cabildo, *Acts and Deliberations*, October 17, 1788.

situada de la ciudad»[19]. Un total de «856 refinadas y espaciosas casas, valoradas en aproximadamente tres mil dólares cada una», fueron destruidas[20], incluidos casi todos los edificios de la época francesa. Casi el ochenta por ciento de la ciudad estaba en ruinas.

Aunque cientos de edificios coloniales franceses fueron pasto de las llamas en 1788, la tradicional arquitectura francesa impregnada de influencias de las Indias Occidentales «criollizadas» sobrevivió. El mejor ejemplo de este tipo de arquitectura en la actualidad es la casa museo Madame John's Legacy, que se encuentra construida, literalmente, sobre las cenizas del incendio de 1788. Hoy en día aún se conserva como una reliquia de los tiempos franceses. La respuesta política del Cabildo ante este desastre fue la extinción de incendios, pidiendo así a sus superiores «cuatro bombas . . . sesenta cubos de piel . . . dos ganchos con una cadena . . . cuerda . . . y seis ganchos con largos mangos de madera»[21].

Los ciudadanos de Nueva Orleans lograron reponerse de las secuelas de esta catástrofe gracias al liderazgo del gobernador Miró, a la provisión de alimentos y cobijo por parte del Cabildo, a la generosidad de don Andrés Almonester y Roxas al financiar la reconstrucción, a la flexibilidad

19 Cabildo, *Acts and Deliberations*, 3 de abril de 1788.

20 Soniat du Fossat, *Synopsis of the History*, 27–28.

21 Había alguna legislación anterior de seguridad contra incendios. Desde 1775, los propietarios fueron obligados a limpiar sus chimeneas periódicamente, sujeto a la inspección del Cabildo y multas si se limpiaban de forma inadecuada. Cabildo, *Acts and Deliberations*, 20 octubre 1775.

Francisco Luis Héctor de Carondelet. Governor Carondelet arrived to find New Orleans in a state of transition. Rebuilding had progressed since the 1788 fire; the new *suburbio* was under development; the dead could now be properly entombed in the new Spanish-style cemetery; bastions anchored the city ramparts; and a new market centralized food distribution. Yet other problems persisted, namely drainage and transportation.

In June 1794, Carondelet announced a canal to be excavated to Bayou Saint John, to allow backflow to drain away from the city while letting lake vessels come and go without unloading at Bayou Road for a cumbersome overland portage. Officials in Madrid approved the project but did not fund it, so Carondelet deployed *presidios* (convicts) and enslaved people to do the forced labor. Two years later, the "Carondelet Canal," 1.6 miles long and 15 feet wide, opened for traffic. The waterway would bring critical natural resources into the city, and, nicknamed the Old Basin Canal in the 1830s, would remain in use into the early 1900s. The channel was filled in during the 1920s, but its trajectory lives on today as the Lafitte Greenway.

Carondelet's administration also saw the formation of the city's first theater, newspaper, bookstore, and police force. Those same years also witnessed three hurricanes and two fires, one of which had lasting consequences.

On December 8, 1794, some boys lost control of a fire in a courtyard off Royal Street. Autumn winds spread the flames into adjacent

de los reglamentos comerciales y a la creación de la primera zona residencial de la ciudad. A las pocas semanas del incendio de 1788, el topógrafo de la ciudad, Carlos Laveau Trudeau, diseñó la zona residencial de Santa María sobre la antigua plantación Gravier (a la que los criollos llamaban Faubourg Ste. Marie, siendo hoy en día el distrito financiero de la ciudad). Aunque Trudeau solamente pretendiera acelerar la recuperación de la ciudad creando un nuevo urbanismo desde cero, inició una serie de subdivisiones de las plantaciones que se repetiría, río arriba y río abajo, durante el siguiente siglo y que llegaría a transformar el paisaje agrícola de toda la zona del meandro en un paisaje urbano.

Unos meses más tarde, el Cabildo dio otro paso importante en lo que respecta a la planificación urbanística al hablar sobre el antiguo cementerio francés en la calle San Pedro esquina con la calle Borgoña. «[Hay] tal cantidad de gente enterrada en ese cementerio . . . que no hay espacio para nadie más. Cuando se cava una tumba, se hayan los restos de otro difunto, lo cual no solo causa molestias, sino que [también] provoca malos olores, pudiendo derivar, debido a su proximidad a la ciudad, en infecciones [y] epidemias de enfermedades . . . [Por lo tanto] se consideró necesario construir otro cementerio lejos de la ciudad»[22]. En 1789, los españoles crearon un nuevo cementerio en la calle San Luis, a las afueras de las fortificaciones, con sepulcros y mausoleos. El método de enterramiento no solo reflejaba las tradiciones culturales españolas, sino

22 Cabildo, *Acts and Deliberations*, 17 de octubre de 1788.

structures, and within three hours, the blaze "reduced to ashes one third of the . . . Capital city . . . leaving a large number of families . . . completely ruined and stricken with horror."[23] The "dreadful conflagration" consumed 212 structures in "the most improved and opulent part" of today's French Quarter.[24]

Unlike in 1788, when regidores had responded mostly with fire-suppression policies, this time they aimed to prevent fires. The Cabildo stipulated that new houses funded with the king's loan "must be built of bricks and a flat roof or tile roof" in the Spanish tradition.[25] It is unclear the degree to which this and other architectural decrees parlayed directly to changes in actual construction. Brick, after all, was costly and beyond the means of many citizens, and certain strident passages in the Cabildo records suggest their words were being ignored more than heeded, and thus required emphasis. Consider, for example, this statement from February 20, 1795, which can be read either way: "The Cabildo grants permission to . . . open a [new] street . . . on the sole condition that all houses built thereon be of brick with flat roofs, and that on the extreme end of each house, two doors shall be built with a balcony over each, in order that the symmetry of the city will not be disregarded."[26] Later that year the Cabildo further detailed the

23 Cabildo, *Acts and Deliberations*, December 19, 1794.

24 "Dreadful Fire."

25 Cabildo, *Acts and Deliberations*, entries for mid-December 1794 and December 19, 1794.

26 Cabildo, *Digest*, 198 (February 20, 1795).

que también aumentó considerablemente la capacidad del cementerio, ya que los sepulcros podían albergar docenas de restos mientras que las tumbas solamente podían albergar a un fallecido. Además, así evitaron la necesidad de cavar zanjas para el drenaje o alterar las condiciones del agua del suelo. Esta tradición de sepulturas levantadas del suelo persiste hoy en día y el cementerio de San Luis N.° 1 sigue abierto tanto para vivos como para muertos.

En 1792, el gobernador Miró fue sucedido por el barón Francisco Luis Hector de Carondelet, belga de nacimiento e igualmente válido. El gobernador Carondelet se encontró con una Nueva Orleans en transición. La reconstrucción había progresado desde el incendio de 1788, el nuevo barrio residencial se encontraba en desarrollo, los fallecidos ahora podían ser debidamente enterrados en el nuevo cementerio de estilo español, los baluartes aseguraban las murallas de la ciudad y un nuevo mercado centralizaba la distribución de los alimentos. Sin embargo, seguían existiendo otros problemas: en concreto, el desagüe de las aguas residuales y el transporte.

En junio de 1794, Carondelet anunció que se excavaría un canal hasta el Bayou Saint John para permitir que el contraflujo desaguara lejos de la ciudad al mismo tiempo que permitiría que las naves que navegaban por el lago fueran y vinieran sin tener que descargar en la Bayou Road, evitando así un complicado transporte por tierra. Los oficiales de Madrid aprobaron el proyecto, pero no lo financiaron, por lo que Carondelet se sirvió de presidios y personas esclavizadas para que llevaran a cabo los trabajos forzados. Dos años más tarde, el canal Carondelet, de 1,6 millas de largo y

new codes. "[I]n order to prevent fires in the future, similar to those [of] 1788 and during the last year," read the *Deliberations*, "two story houses of two apartments . . . should all be constructed of brick or lumber filled with brick between the upright posts, the posts to be covered with cement of at least one inch thick, covered with a flat roof of tile or brick." Despite its decrees, the Cabildo expected wood construction to continue, so it further stipulated "that the wooden houses covered with the same material must not be of more than 30 feet deep including the galleries. That all houses . . . must precisely have their front facing the street, and nobody is allowed to build them with the rear or sides to the street." It reiterated that all "citizens must comply with these rules whenever they wish to construct a new building."[27]

Other Spanish design features unrelated to fire prevention—such as arched openings on the ground floor, pilasters on external walls, wrought-iron balconies, and courtyards—accompanied the rebuilding. Soon, the French West Indian looking village of times past gave way to the aesthetics of a Spanish city—more like Havana, or Mérida, or Cartagena, at least in spots. "As such structures proliferated, the physical character of the Quarter evolved accordingly," wrote the late architectural historian Malcolm Heard of the post-1794 city. "[T]he influence of northern French building traditions, transmitted to some degree through the cold Canadian provinces, waned in favor of the more Mediterranean

27 Cabildo, *Acts and Deliberations*, October 9, 1795.

15 pies de ancho, se abrió al tráfico. El canal navegable traería a la ciudad importantes recursos naturales. El canal Old Basin, apodado así en la década de 1830, permanecería en uso hasta los primeros años de la década de 1900. El canal se tapó durante la década de 1920, pero su trayectoria perdura hoy en día como el Lafitte Greenway, un sendero peatonal.

La administración de Carondelet también fue testigo de la fundación del primer teatro, periódico, librería y cuerpo de policía de la ciudad. Estos años también fueron testigos de tres huracanes y dos incendios, uno de los cuales tuvo consecuencias a largo plazo.

El 8 de diciembre de 1794, unos niños descontrolaron un fuego en un patio de la calle Real. El viento del otoño provocó que las llamas se extendieran a los edificios colindantes. En menos de tres horas, el fuego «había reducido a cenizas un tercio de . . . la capital . . . dejando tras de sí numerosas familias . . . completamente arruinadas y aterrorizadas»[23]. El «atroz incendio» devoró 212 edificios de «la zona más desarrollada y rica» del actual Barrio Francés[24].

A diferencia de 1788, cuando los regidores respondieron con políticas de extinción de incendios, esta vez estaban decididos a prevenirlos. El Cabildo determinó que las nuevas casas financiadas con el préstamo del

23 Cabildo, *Acts and Deliberations*, 19 de diciembre de 1794.

24 «Dreadful Fire».

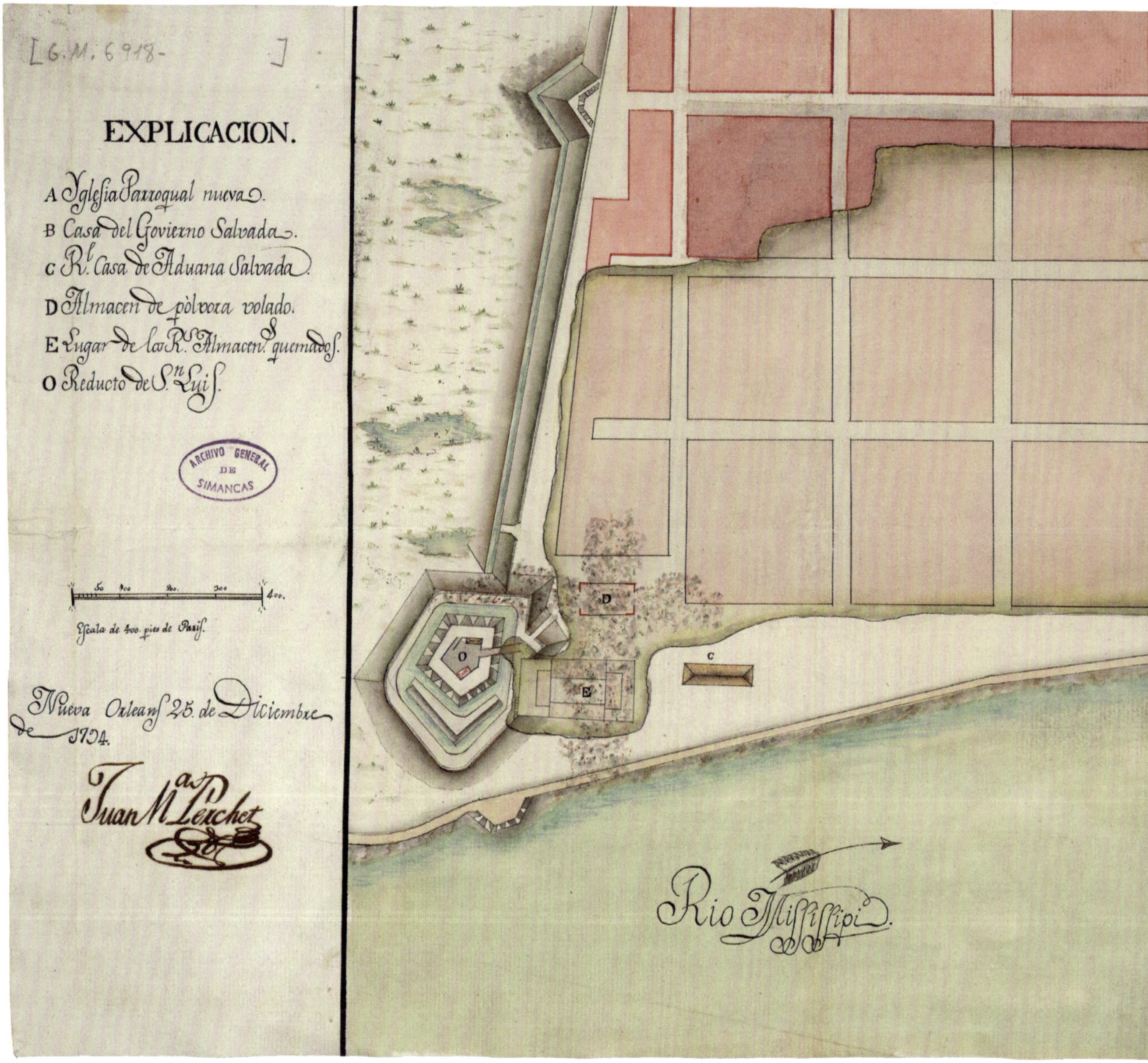


***Plan Showing the Part of New Orleans Destroyed by the Fire of December 8, 1794***
December 25, 1794
by Juan María Perchet
*courtesy of España. Ministerio de Cultura y Deporte. Archivo General de Simancas. MDP,16,132*

***Plano volante que manifiesta la parte de la villa de Nueva Orleans consumida en el incendio de 8 de diciembre de 1794***
25 de diciembre de 1794
por Juan María Perchet
*cortesía de España. Ministerio de Cultura y Deporte. Archivo General de Simancas. MDP,16,132*

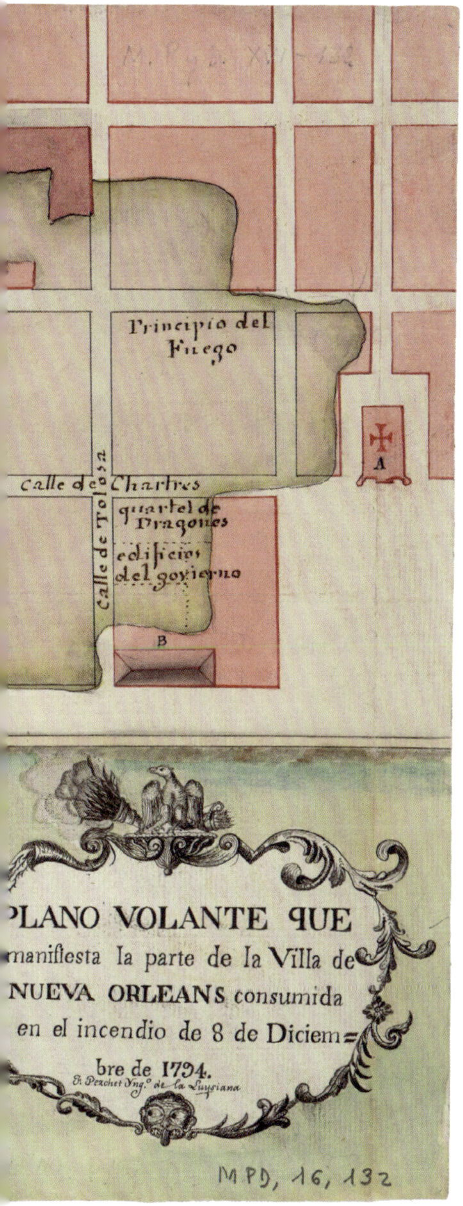


rey «debían ser construidas con ladrillos y con un tejado plano o de tejas» siguiendo la costumbre española[25]. No está claro el grado en el que este y otros decretos arquitectónicos promovieron de forma directa los cambios en las construcciones de hoy en día. Al fin y al cabo, el ladrillo era un material costoso que estaba fuera del alcance de muchos ciudadanos. Además, algunos pasajes contundentes de los archivos del Cabildo sugieren que sus palabras estaban siendo ignoradas en vez de escuchadas, por lo que tuvieron que hacer hincapié en las mismas. Veamos, por ejemplo, este extracto del 20 de febrero de 1795, que se puede interpretar de varias maneras: «El Cabildo otorga permiso para . . . abrir una [nueva] calle . . . con la única condición de que todas las casas que se sitúen en la misma sean de ladrillo con tejados planos y que en el extremo de cada casa se construyan dos puertas con un balcón sobre cada una, de forma que la simetría de la ciudad no se vea afectada»[26]. Más tarde, en ese mismo año, el Cabildo detalló en profundidad las nuevas normativas. «[P]ara evitar incendios futuros como los que tuvieron lugar en 1788 y a finales del año pasado», rezaban las deliberaciones, «se deben construir casas de dos pisos de dos apartamentos . . . con ladrillos o con una estructura de madera cuyos huecos entre los postes verticales sean tapiados con ladrillos. Los postes se deben cubrir con una capa de cemento de al menos una pulgada de grosor y los tejados

25 Cabildo, *Acts and Deliberations*, entradas de mediados de diciembre de 1794 y del 19 de diciembre de 1794.

26 Cabildo, *Digest,* 198 (20 de febrero de 1795).

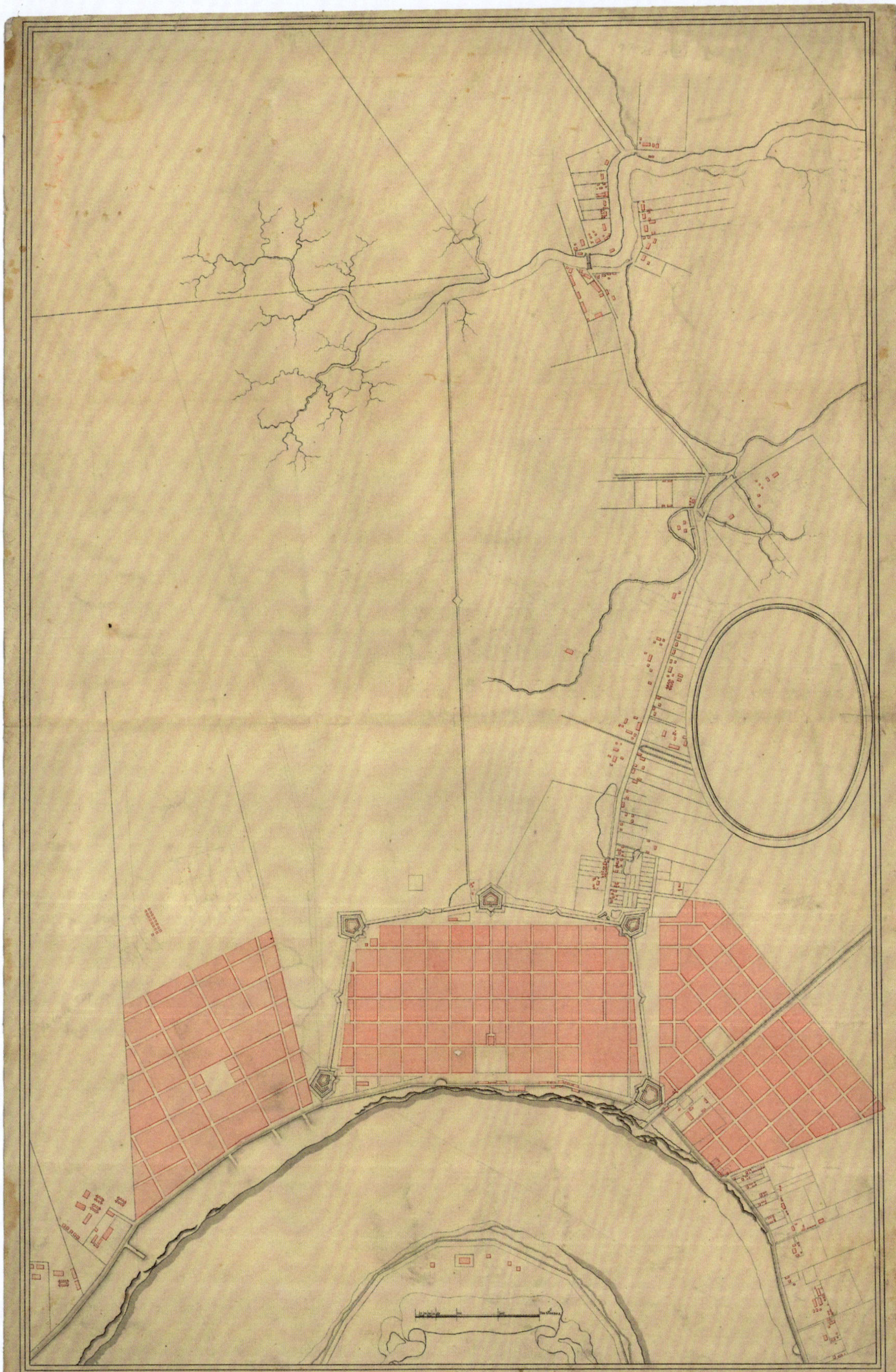

# Spotlight

After the two disastrous fires of 1788 and 1794, in addition to issuing stronger building codes for the original city, the Spaniards expanded the city both upriver and downriver. As a result, many street names reflect the area's Spanish heritage, such as Saint Charles Avenue, named for Carlos IV, and De Soto, named for the explorer Hernando de Soto. The city still has streets named for each one of the Spanish colonial governors: Ulloa, O'Reilly, Onzaga, Gálvez, Miró, Carondelet, Gayoso, Calvo Casa, and Salcedo.

**Plan of New Orleans, at the end of the Spanish period, showing the new neighborhoods outside the city walls**
*courtesy of Archivo General Militar de Madrid*

# Un Foco

Tras los fatídicos incendios de 1788 y 1794, los españoles, además de endurecer los códigos de edificación en lo que respecta a las construcciones en la ciudad original, ampliaron la ciudad a lo largo del cauce del río. Por ello, muchos de los nombres de calles reflejan la herencia española de la zona, como, por ejemplo, la avenida de San Carlos, en honor al rey Carlos IV, y la calle De Soto, bautizada así por el explorador Hernando de Soto. Hoy en día, la ciudad todavía conserva calles con el nombre de cada uno de los gobernadores coloniales españoles: Ulloa, O'Reilly, Onzaga, Gálvez, Miró, Carondelet, Gayoso, Calvo Casa y Salcedo.

**Plano de Nueva Orleans al final de la época española con los nuevos crecimientos extramuros**
*cortesía de Archivo General Militar de Madrid*

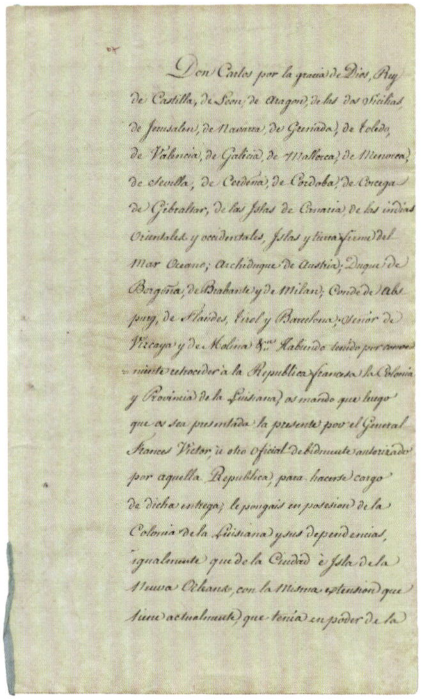

Don Carlos por la gracia de Dios, Rey de Castilla, de León, de Aragón, de las dos Sicilias, de Jerusalén, de Navarra, de Granada, de Toledo, de Valencia, de Galicia, de Mallorca, de Menorca, de Sevilla, de Cerdeña, de Córdoba, de Córcega, de Gibraltar, de las Islas de Canaria, de las Indias Orientales y occidentales, Islas y tierra firme del Mar Océano; Archiduque de Austria; Duque de Borgoña, de Brabante y de Milán; Conde de Absburg, de Flandes, Tirol y Barcelona; Señor de Vizcaya y de Molina &c. Habiendo tenido por conveniente retroceder a la República francesa la Colonia y Provincia de la Luisiana; os mando que luego que os sea presentada la presente por el General Francés Victor ú otro oficial debidamente autorizado por aquella República, para hacerse cargo de dicha entrega, le pongáis en posesión de la Colonia de la Luisiana y sus dependencias, igualmente que de la Ciudad é Isla de la Nueva Orleans, con la misma extensión que tiene actualmente que tenía en poder de la

**Order of the king of Spain to the marqués de Someruelos, captain general of Louisiana and Havana, Cuba, to retrocede Louisiana to France**
October 15, [1802]
by Carlos IV, King of Spain; French translation of the original Spanish, signed in Barcelona by Pedro Cevallos, minister of foreign affairs
*The Historic New Orleans Collection, 75-217-L.3*

---

**Orden dictada por el rey de España dirigida al marqués de Someruelos, capitán general de Luisiana, La Habana y Cuba, para que devuelva Luisiana a Francia**
15 de octubre de [1802]
por Carlos IV, rey de España; traducción al francés del original en español. Firmada en Barcelona por Pedro Cevallos, ministro de asuntos exteriores.
*The Historic New Orleans Collection, 75-217-L.3*

deben ser planos de teja o ladrillo». A pesar de los numerosos decretos, el Cabildo esperaba que se siguiera edificando con madera, por lo que más tarde estipuló: «todas las viviendas de madera recubiertas con el mismo material no deben tener más de 30 pies de profundidad, incluyendo las galerías. La fachada de todas las viviendas . . . se debe encontrar frente a la calle. No está permitido que la parte de atrás ni los laterales de la vivienda den a la calle». Así mismo, reiteró que «todos los ciudadanos deben cumplir estas normativas siempre que quieran construir un nuevo edificio»[27].

Otros elementos de diseño españoles que no guardaban relación con la prevención de incendios se incluyeron en las reconstrucciones, como, por ejemplo, aperturas en forma de arco en la planta baja, pilastras en las paredes exteriores, balcones de hierro forjado y patios. En poco tiempo, el antiguo pueblo con aires de las Antillas francesas dio paso a una ciudad de estética española, como lo son ciudades como La Habana, Mérida o Cartagena, en algunos de sus lugares. «A medida que dichos edificios iban proliferando, las características físicas del barrio iban evolucionando en consecuencia», escribió el historiador de la arquitectura Malcolm Heard sobre la ciudad después de 1794. «La influencia de la tradición arquitectónica del norte de Francia, trasmitida en cierta medida a través de las frías provincias de Canadá, fue perdiendo fuerza frente a las formas mediterráneas de la arquitectura española»[28]. A día de hoy, no existe mejor ejemplo que el Cabildo, la casa consistorial

---

27 Cabildo, *Acts and Deliberations*, 9 de octubre de 1795.

28 Heard, *French Quarter Manual*, 4.

forms of the Spanish."[28] No better example still stands than the Cabildo itself, the Spanish City Hall structure completed in 1799, where the illustrious regidores convened in their last years of power.

After Spain retroceded Louisiana to the French and Napoleon sold it to the United States in 1803, the American city of New Orleans would pass ordinances similar in spirit to the Spanish codes, calling for brick construction and slate roofs in the inner city and permitting wooden structures in rear precincts.[29] The urbanization of New Orleans during the Spanish-to-French-to-American political transition was also driven by growing population pressure and sheer market forces, which motivated the higher-density construction of taller, sturdier brick townhouses and storehouses in the high-value urban core, regardless of codes or ordinances.

Wrote one traveler of the new cityscape in 1808, "The houses of the principal streets nearest the river are built of brick covered with slate, tile, or a fire-proof composition."[30] Observed another visitor in 1828, "What struck us most [about New Orleans] were the old and narrow streets, the high houses, ornamented with tasteful cornices, iron balconies, and many other circumstances peculiar to towns in France and Spain; and pointing out the past history of this city fated to change its masters so often."[31]

28 Heard, *French Quarter Manual,* 4.

29 Leovy, "Buildings," 30.

30 Schultz, *Inland Voyage,* 190.

31 Hall, *Travels in North America,* 318.

española terminada en 1799, donde los ilustres regidores se reunían durante sus últimos años de poder.

Después de que España volviera a ceder Luisiana a los franceses y Napoleón la vendiera a los Estados Unidos en 1803, la americana ciudad de Nueva Orleans aprobaría ordenanzas parecidas a las españolas, en las que se exigieron construcciones en ladrillo y tejados de teja en el centro de la ciudad y se permitieron estructuras de madera a las afueras[29]. Durante la transición política de Luisiana, pasando de manos españolas a francesas y posteriormente a americanas, la urbanización de Nueva Orleans se vio impulsada por la presión de la densidad de la población y las fuerzas del mercado, lo que motivó la proliferación de casas adosadas y almacenes de ladrillo más altos y resistentes en el centro de la ciudad, independientemente de los códigos y ordenanzas.

Un viajero escribió lo siguiente acerca del paisaje urbano de 1808: «Todas las casas de las calles principales cercanas al río están construidas en ladrillo con tejados de pizarra, tejas o cualquier otro material resistente al fuego»[30]. En 1828, otro visitante indicó: «Lo que más nos ha impactado [de Nueva Orleans] han sido sus estrechas y antiguas calles, las altas casas decoradas con elegantes cornisas, los balcones de hierro y otras muchas características propias de ciudades de Francia y España, destacando así el pasado histórico de esta ciudad destinada a cambiar de dueño tan a menudo»[31].

29 Leovy, «*Buildings*», 30.

30 Schultz, *Inland Voyage,* 190.

31 Hall, *Travels in North America,* 318.

# Bibliography / Bibliografía

Cabildo. *Acts and Deliberations of the Cabildo, 1769–1803*. City Archives Collection, Louisiana Division, New Orleans Public Library.

———. *Digest of the Acts or Records of the Cabildo, 1769–1803*. City Archives Collection, Louisiana Division, New Orleans Public Library.

Campanella, Richard. "'Fort-Prints': Relics of New Orleans' Fortified Past." *New Orleans Times-Picayune*, May 12, 2017.

———. *Bienville's Dilemma: A Historical Geography of New Orleans*. Lafayette: University of Louisiana Press, 2008.

———. *Bourbon Street: A History*. Baton Rouge: Louisiana State University Press, 2014.

———. *Geographies of New Orleans*. Lafayette: University of Louisiana Press, 2006.

Campbell, Edna F. "New Orleans in the Early Days." *Geographical Review* 10, no. 1 (July 1920).

Din, Gilbert C. *Populating the Barrera: Spanish Immigration Efforts in Colonial Louisiana*. Lafayette: University of Louisiana Press, 2014.

Din, Gilbert C., and John E. Harkins. *The New Orleans Cabildo: Colonial Louisiana's First City Government, 1769–1803*. Baton Rouge and London: Louisiana State University Press, 1996.

"Dreadful Fire." *The Weekly Museum* (New York), February 7, 1795.

Giraud, Marcel. *A History of French Louisiana*. Vol. 5. *The Company of the Indies*, 1723–1731. Baton Rouge: Louisiana State Press, 1991.

Hall, Basil. *Travels in North America in the Years 1827 and 1828*. Vol. 3. Edinburgh and London: Simpkin and Marshall, 1830.

Heard, Malcolm. *French Quarter Manual: An Architectural Guide to New Orleans' Vieux Carré*. New Orleans: Tulane School of Architecture, 1997.

Leovy, Henry J. "Buildings, Numbering, Fire Limits, Etc.: An Ordinance Relative to Buildings, No. 95–96." In *The Laws and General Ordinances of the City of New Orleans*. New Orleans: E. C. Wharton, 1857.

Pitot, James. *Observations on the Colony of Louisiana from 1796 to 1802*. New Orleans and Baton Rouge: The Historic New Orleans Collection and Louisiana State University Press, 1979 republication of 1802 book.

Pittman, Captain Philip. *The Present State of the European Settlements on the Missisippi: A Facsimile Reproduction of the 1770 Edition*. Gainesville: University of Florida Press, 1973.

*Plano de la Ciudad de la N[ueav]a Orleans[;] Las lineas Rojas demuestran la parte destruida por el inc[endi]o acaecido de día Ocho de Diziembre de 1794*. Archivo Historico Nacional, Madrid, Spain. Reproduced in *Charting Louisiana: Five Hundred Years of Maps*, edited by Alfred E. Lemmon, John T. Magill, and Jason R. Wiese. New Orleans: The Historic New Orleans Collection, 2003.

Rowland, Dunbar, and Albert Godfrey Sanders, eds. "Letter, Périer and De La Chaise to the Directors of the Company of the Indies, January 30, 1729, Mississippi Provincial Archives, 1704-1743." In *French Dominion*. Vol. 2. Jackson: Press of the Mississippi Dept. of Archives and History, 1929.

Schultz, Christian. *Travels on an Inland Voyage Through the States of New-York, Pennsylvania, Virginia, Ohio, Kentucky and Tennessee; Performed in the Years 1807 and 1808*. Vol. 2. New York: Isaac Riley, 1810.

Semple, Rev. Henry Churchill, S. J., ed. "Letter of Sister Mary Madeleine Hachard of St. Stanislaus to Her Father, April 24, 1728." In *The Ursulines in New Orleans and Our Lady of Prompt Succor, 1727–1925*. New York: P.J. Kennedy & Sons, 1925.

Soniat du Fossat, Guy. *Synopsis of the History of Louisiana: From the Founding of the Colony to End of the Year 1791*. Edited and translated by Charles T. Soniat. New Orleans: Louisiana Historical Society, 1903.

Toledano, Roulhac, and Mary Louise Christovich. *New Orleans Architecture, Volume 6: Faubourg Tremé and the Bayou Road*. New Orleans: Friends of the Cabildo/Pelican Publishing Company, 1980.

Vella, Christina. *Intimate Enemies: The Two Worlds of the Baroness de Pontalba*. Baton Rouge: Louisiana State University Press, 1997.

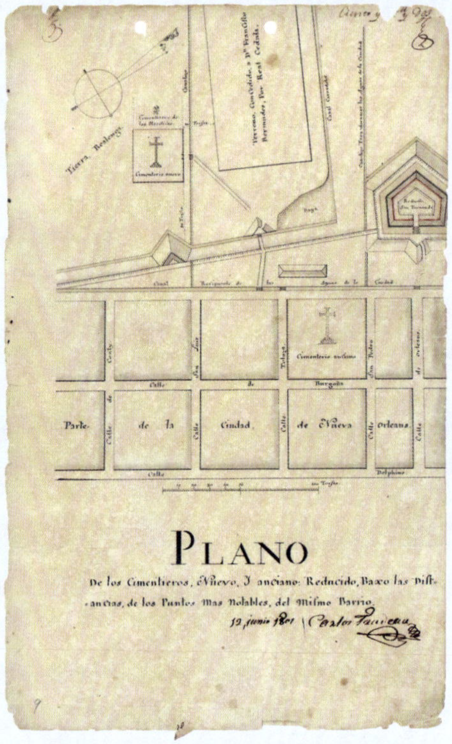


# Spotlight

Gilberto Guillemard's detailed plans for the royal jail provide valuable insight into construction practices at the end of the eighteenth century. Guillemard, a Frenchman by birth, had long been a member of the Spanish military forces in Louisiana. In addition to the Cabildo, cathedral, and Presbytère, he also designed the five forts ordered by Governor Carondelet in 1794.

---

***Plans of New Cemeteries [including the Protestant section] and the Old, and Showing the Distance to the Most Notable Landmarks of the Same Part of Town***
June 12, 1801
by Gilberto Guillemard; copied and certified by Carlos Laveau Trudeau
*courtesy of the Office of Archives and Records, Archdiocese of New Orleans*

# Un Foco

Los detallados planos de la cárcel real elaborados por Gilberto Guillemard proporcionan información valiosísima acerca de los métodos de construcción del siglo XVIII. Guillemard, de origen francés, había sido durante mucho tiempo miembro de las fuerzas militares españolas en Luisiana. Además del Cabildo, la catedral y el Presbytère, Guillemard también diseñó cinco fuertes por orden del gobernador Carondelet en 1794.

---

**Plano de los cimentieros, nuevo [incluido de los hereticos], y anciano : reducido, baxo las distancias de los puntos mas notables, del mismo barrio**
12 de junio de 1801
por Gilberto Guillemard; copiado y certificado por Carlos Laveau Trudeau
*cortesía de la Office of Archives and Records, Archdiocese of New Orleans*

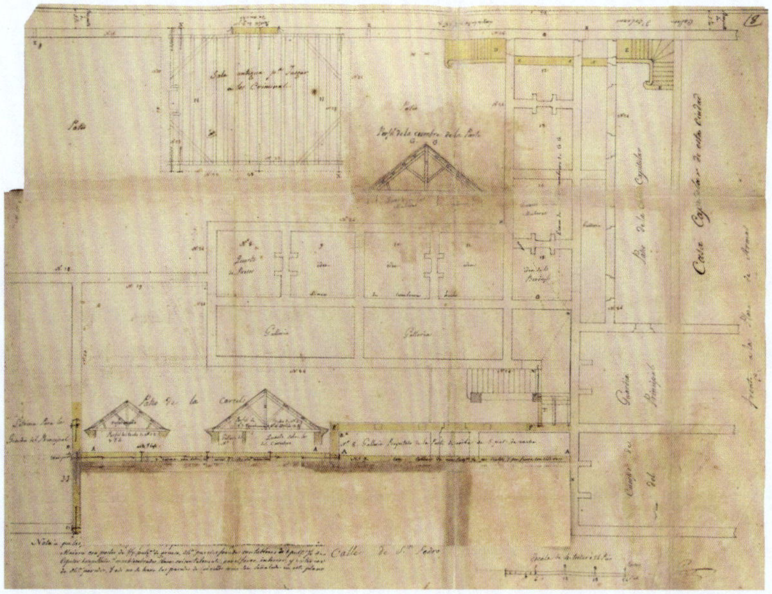

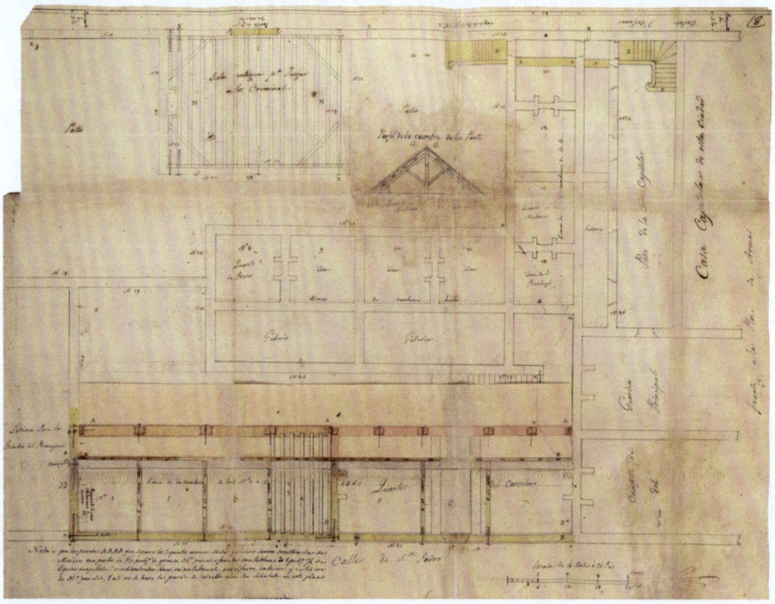

**Drawings for renovations to the Royal Jail**
by Gilberto Guillemard
from Miscellaneous Record Book of New Orleans (records relating to repairs and additions to the Royal Jail), 1799–1802
*courtesy of the New Orleans Public Library, Louisiana Division / City Archives and Special Collections*

**Diseños de la restauración de la cárcel real**
por Gilberto Guillemard
extraído de Libro de registros diversos de Nueva Orleans (archivos relacionados con las reparaciones y ampliaciones de la Cárcel Real), 1799–1802
*cortesía de la New Orleans Public Library, Louisiana Division / City Archives and Special Collections*

# The Spanish Influence on Louisiana Furniture-Making

BY F. WAYNE STROMEYER, MD

From the late 1600s through the early 1800s, French cabinetmaking influenced craftsmen in many European countries and produced styles that ultimately made their way to Louisiana. Recent generations of Louisiana scholars and collectors have revealed examples of French-inspired armoires, tables, chairs, and small case pieces. Some forms, though, have defied conscription to the French idiom and reflect the Spanish contribution to Louisiana material culture, producing a unique style of its own.

Most familiar is the boutaque or Campeche chair, probably developed in Spain and perhaps more favored in Mexico. The ancient Roman *sella curulis* (curule seat), with its crossed front and back legs forming an arch, appears to have inspired its design. Spain, with its multicultural background, provided the milieu for the chair's gradual development as a synthesis of Roman, Iberian, Moorish, and New

# La influencia española en la fabricación de muebles en Luisiana

POR DR. F. WAYNE STROMEYER

Desde finales del siglo XVII hasta principios del siglo XIX, la ebanistería francesa influyó a los artesanos de muchísimos países europeos y dio lugar a estilos que llegaron hasta Luisiana. Los investigadores y coleccionistas más actuales de Luisiana han sacado a la luz piezas de inspiración francesa, como armarios, mesas, sillas y pequeñas cómodas. Sin embargo, algunas formas no se ajustan al estilo francés y reflejan la aportación española a la cultura material de Luisiana, lo que crea un estilo propio y único.

La pieza más común es la boutaque o silla campeche, seguramente desarrollada en España y puede que más utilizada en México. Parece ser que su diseño está inspirado en la antigua sella curulis (silla curul) romana, con las patas delanteras y traseras cruzadas formando un arco. Las raíces multiculturales de España hacían de este país el entorno perfecto para el desarrollo gradual de esta silla como una síntesis

World elements.[1] It seems that colonists from Spain and the Spanish New World brought examples to Louisiana on their voyages. Handsome Mexican imports accented the New Orleans import docks and were distributed to local customers and to the states and territories beyond. New Orleans cabinetmakers and others adapted the form, using native woods and other design elements including Anglo-American inlays. A Spanish colonial example, likely from Mexico (Fig. 1A), rests on a classic curule base. Graceful elevated arms and a sling seat point to the chair's reputation as one of leisure and relaxation. The highly decorative inlay patterns and leather tooling are reminiscent of other Mexican pieces. The Louisiana example in Figure 1B is made of cherry, a local wood favored in early Louisiana furniture construction. Although this example is devoid of inlays, other chairs probably crafted in Louisiana bear inlay patterns reflecting Anglo-American cabinetmaking tradition. A demilune forms the crest of each chair and replicates the rounded pattern of the base. A scrolled crest (not illustrated here) was the most common alternative.

The most elegant early Louisiana beds feature a demilune or "melon" headboard, often broad and boldly rising above the mattress, but sometimes more restrained and compact. The round form echoes the arch found in historic

1 See Cybèle Gontar, "The Campeche Chair in Louisiana," in *Furnishing Louisiana: Creole and Acadian Furniture, 1735–1835,* by Jack D. Holden, H. Parrott Bacot, and Cybèle T. Gontar, with Brian J. Costello and Francis J. Puig; edited by Jessica Dorman and Sarah R. Doerries (New Orleans: The Historic New Orleans Collection, 2010).

de elementos romanos, ibéricos, árabes y del Nuevo Mundo[1]. Se cree que los colonos españoles y del Nuevo Mundo español trajeron estas piezas a Luisiana en sus viajes. Las espléndidas importaciones mexicanas atrajeron la atención hacia los muelles de importaciones de Nueva Orleans. Estas piezas se distribuían tanto a los clientes locales como a los de otros estados y territorios. Los ebanistas y demás artesanos de Nueva Orleans adaptaron la forma y utilizaron maderas autóctonas y otros elementos de diseño, como la marquetería angloamericana. Esta pieza colonial española, probablemente de México (imagen 1A), se sustenta sobre la base de la silla curul clásica. Los elegantes brazos elevados y la forma curvada de su asiento indican que esta pieza era considerada como una silla para la relajación y el ocio. El diseño sumamente decorativo de la marquetería y el cuero estampado recuerdan a otras piezas mexicanas. La pieza de Luisiana, imagen 1B, está fabricada en madera de cerezo, una madera autóctona muy utilizada en los albores de la fabricación de muebles en Luisiana. Aunque esta pieza no presenta decoración en marquetería, es posible que otras sillas fabricadas en Luisiana contaran con diseños en marquetería, lo que refleja la tradición de la ebanistería angloamericana. El copete de cada una de las sillas tiene forma de media luna y reproduce el patrón redondeado de la base. Otra alternativa muy común, que no

1 Véase Cybèle Gontar, «The Campeche Chair in Louisiana», en *Furnishing Louisiana: Creole and Acadian Furniture, 1735–1835* por Jack D. Holden, H. Parrott Bacot y Cybèle T. Gontar, con Brian J. Costello y Francis J. Puig; editado por Jessica Dorman y Sarah R. Doerries (Nueva Orleans: The Historic New Orleans Collection, 2010).

architecture but appears only rarely on early furniture, occasionally capping a chair, sofa, or shaped panel and sometimes centered in a skirt or splashboard.[2] Late eighteenth-century cabinetmakers in Spain often selected a demilune headboard for both high- and low-post bedsteads. The wood, usually a soft species such as pine, was typically painted and often adorned with gilding or artwork. It is unclear why the demilune headboard gained in popularity at that time. Perhaps the Spanish affinity for the arch in other furniture and architectural designs was at play. Alternatively, the broad headboard served as an artist's canvas and may have been chosen as the best shape for the popular religious scenes documented on so many of the surviving beds (Fig. 2A). Although the religious image in this photo is relatively diminutive, more expansive paintings are seen in other surviving examples. As the melon headboard was adapted by provincial cabinetmakers in Spain and in the colonies, a simpler, less adorned pattern emerged (Fig. 2B). The popularity of the curved headboard has persisted in Spain, appearing on numerous wooden and metal beds made there in the nineteenth and twentieth centuries.

Creole chairs are an essential element of the early Louisiana interior but have yet to be favored with a clearly defined lineage. Ladder-back chairs were popular in Europe at least as early as the Baroque and Rococo eras, and the abundant French provincial

2 See J.D. Holden and H.P. Bacot, "The Louisiana Bedstead," in *Furnishing Louisiana: Creole and Acadian Furniture, 1735–1835.*

**Figure 1A.** Spanish colonial Campeche (boutaque) chair of mahogany with classic sling seat and arched legs. The arched shape formed by the crossed front and back legs of the curule base reflects ancient Roman stylistic influence adopted by the Spanish and repeated in the chair's demilune crest and the headboards below.

**Imagen 1A.** Silla colonial española campeche (boutaque) de caoba con patas arqueadas y asiento curvado clásicos. La forma en arco formada por el cruce de las patas delanteras y traseras de la base curul deja ver la influencia estilística de la antigua Roma adoptada por los españoles. Esta forma también se repite en el copete de la silla y en los cabeceros que aparecen a continuación.

**Figure 1B.** Louisiana Campeche chair closely resembling the structure of its mate. Its distinctive cherry wood helps to distinguish it from the imports.

**Imagen 1B.** Silla campeche de Luisiana con estructura muy parecida a la pieza pareja española. Su inconfundible madera de cerezo la diferencia de las importaciones.

aparece en estas imágenes, era decorar el copete con tallas de pergaminos y motivos vegetales.

En los primeros años de la Luisiana colonial, las camas más elegantes tenían cabeceros ovalados o en forma de media luna. Estos cabeceros solían ser anchos y sobresalían con osadía. También se encontraban cabeceros más sencillos y pequeños. La forma redondeada recuerda a los arcos de la arquitectura histórica. Sin embargo, esta forma no es muy común en mobiliario tan antiguo. Ocasionalmente, se puede encontrar rematando una silla o sofá o dando forma a un panel. A veces, también se utilizaba en faldones o aleros[2]. Los ebanistas españoles de finales del siglo XVIII solían optar por la forma de media luna tanto para el cabecero como para el pie de la cama. La madera, normalmente blanda, como la de pino, se pintaba y adornaba con técnicas de dorado o con ilustraciones. Aún no está del todo claro el porqué de la popularidad del cabecero con forma de media luna en aquella época. Quizá se debe a la tendencia española del uso del arco en muebles y diseños arquitectónicos. Quizá, al convertirse los cabeceros en lienzo para los artistas, esta forma se consideró las más idónea para representar las escenas religiosas, tal como se puede observar en muchas de las camas que aún se conservan (imagen 2A). Aunque la imagen religiosa que aparece en esta fotografía es relativamente pequeña, en otras piezas contienen pinturas mucho más grandes. A medida que los ebanistas de España y las

2 Véase J.D. Holden y H.P. Bacot, «The Louisiana Bedstead», en *Furnishing Louisiana: Creole and Acadian Furniture, 1735–1835.*

chairs are well known in furniture history. French chairs, though, lack structural features often observed in the early Spanish and Creole chairs: multiple turnings on the upper stiles and complex, turned, often tall finials. In French examples, turnings, if present, are typically featured at the base. Figure 3 displays pairings of similar Spanish and Louisiana chairs and a pair of French chairs for comparison and contrast. Virtually all turnings, finials, and other stylistic elements of Creole chairs have Spanish antecedents (although some splats and other features seem to be shared by French cabinetmakers). Louisiana craftsmen appear to have adopted those elements in different combinations and adapted them to local taste. Creole and Spanish ladder-back chairs, once abundant, have suffered from wear, neglect, and inexpensive replacements. Ongoing research and recognition should help to provide additional early examples that will extend our understanding of Spanish cultural influence.

---

*The chair in Figure 1A is from the collection of Don Fuson. The pieces in Figures 1B, 2A, 3A, 3B, 3C, 3E, and 3F are from the Stromeyer Family Collection. Figure 3D is courtesy of the Friends of Magnolia Mound. The chairs in Figures 3G and 3H are from the collection of Robert E. Smith, Au Vieux Paris Antiques, Breaux Bridge, Louisiana. With the exception of Figure 3D, all photography is by Dr. John DiLeo.*

colonias fueron adaptando el cabecero ovalado, surgió un nuevo modelo más simple y menos ornamentado (imagen 2B). La popularidad de los cabeceros curvados ha perdurado en España, como así lo muestran muchísimas camas de madera y metal fabricadas en los siglos XIX y XX.

Las sillas criollas son una pieza imprescindible en el menaje de la Luisiana colonial. Su procedencia es clara, pero aún está por explicar. Las sillas con respaldo de escalera fueron populares en Europa desde, por lo menos, el barroco o el rococó. Qué decir de las sillas francesas de sobra conocidas en la historia del mueble. Sin embargo, las sillas francesas no presentan las características estructurales de las primeras sillas españolas y criollas. Estas últimas cuentan con múltiples torneados en los largueros superiores y remates torneados, intrincados y altos. En las sillas francesas, los torneados, si los hubiesen, suelen aparecer en la base. La imagen 3 muestra varias parejas de sillas españolas y de Luisiana, muy similares entre sí, y una pareja de sillas francesas para que se puedan apreciar las diferencias. Casi todos los torneados, remates y elementos estilísticos de las sillas criollas son de origen español, aunque en los respaldos y otros elementos se aprecia la influencia estilística de los ebanistas franceses. Los artesanos de Luisiana adoptaron estos elementos con diferentes combinaciones y los adaptaron al gusto local. Las sillas criollas y españolas con respaldo de escalera eran muy fáciles de encontrar, pero su número se ha visto mermado por el desgaste, la falta de cuidado o su reemplazo por otras más baratas. La investigación e identificación en curso nos deberían proporcionar nuevas piezas de esta época que nos ayuden a ampliar nuestro conocimiento sobre la influencia cultural española.

**Figure 2A.** Spanish headboard, Carlos IV, late 18th-early 19th century, faux mahogany, with Calvary post-crucifixion scene painted on back and gilding on upper molding.

**Imagen 2A.** Cabecero español, Carlos IV, de finales del siglo XVIII y principios del XIX, en imitación de madera caoba, con la imagen del Calvario tras el descendimiento de la cruz pintada sobre el mismo. Decoración en oro en la moldura superior.

**Figure 2B.** Louisiana headboard of cherry from same period. Save for the lack of adornments so common on Spanish furniture, the pattern of the headboard is remarkably similar to examples from Spain.

**Imagen 2B.** Cabecero de Luisiana en madera de cerezo del mismo periodo. A excepción de la falta de ornamentación típica del mobiliario español, el diseño del cabecero es muy similar al de las piezas de España.

**Figure 3.** The first three sets of images pair a Spanish chair (left) with a Louisiana chair having similar stylistic features. The fourth set of images contains two French models which reveal some patterns different from the other six.

**Imagen 3.** En los primeros tres grupos de esta imagen, se empareja una silla española (izquierda) con una silla de Luisiana con la que comparte características estilísticas. En el cuarto grupo, aparecen dos modelos franceses cuyos diseños difieren de los de las otras seis.

**Figure 3A.** A mulberry chair from Murcia, Spain, shows the characteristic abundance of turnings on the upper stiles of Spanish late 18th- to 19th-century chairs.

**Imagen 3A.** Silla de madera de morera original de Murcia, España, con abundantes torneados los largueros superiores típicos de las sillas españolas de finales del siglo XVIII y siglo XIX.

**Figure 3B.** This Louisiana Creole chair mimics the pattern of chair 3A in the number, type, and location of ring and disc turnings, most notably on the upper stiles. Even the finial has multiple distinct turnings in a pattern similar to that of 3C. Low adult chairs were relatively common in Spanish and Louisiana households and were used in different work settings and for gathering and cooking around fireplaces.

**Imagen 3B.** Esta silla criolla de Luisiana copia el diseño de la silla en la imagen 3A en cuanto al número, tipo y ubicación de los anillos y discos torneados, sobre todo en los largueros superiores. Incluso, el remate tiene diferentes torneados muy similares a los del remate de la silla en la imagen 3C. Las sillas bajas eran muy comunes en los hogares de España y Luisiana. Se utilizaban en diferentes entornos de trabajo y para reunirse y cocinar en la chimenea.

**Figure 3C.** A full-size Spanish adult chair has numerous ring and double ring turnings demarcating cylindrical segments often called "sausage" turnings in Louisiana parlance.

**Imagen 3C.** Silla española con varios torneados en forma de anillo simple y doble que delimitan segmentos cilíndricos. En el habla de Luisiana, estos segmentos eran conocidos como «torneados de salchicha».

**Figure 3D.** The turnings on the upper stiles of this Creole model closely mimic those of its mate. With its acorn finials, the Louisiana model replicates the Spanish version while not sharing its more elaborate lower turnings.

**Imagen 3D.** Los torneados de los largueros superiores de este modelo criollo reproducen los de su compañera. El modelo de Luisiana copia los remates en forma de bellota de la versión española sin incluir los torneados inferiores.

**Figure 3E.** This type of Spanish child's chair with abundant turnings is Catalonian, often linked with the village of Olot, and most often painted. Many adult chairs closely follow this pattern.

**Figure 3F.** The turnings of the upper stiles of its Louisiana counterpart are similar in number but somewhat more subtle in contour. Its tapering central sausage turning is delicately reminiscent of the vasiform turning on its mate.

**Imagen 3E.** Este tipo de silla infantil española con abundantes torneados proviene de Cataluña y se la suele relacionar con el pueblo de Olot. Este tipo de sillas solían pintarse. Muchas de las sillas para adultos siguen el mismo diseño.

**Imagen 3F.** Los torneados de los largueros superiores de su homóloga de Luisiana son similares en número, aunque algo más sutiles en lo que respecta al contorno. Su torneado central de salchicha, que se va estrechando, recuerda al torneado en forma de jarrón de su compañera.

**Figures 3G and 3H.** Two French chairs share certain elements with the Spanish and Louisiana models, including turnings at the bases, bowed seat edges, and similar slat patterns. They differ in their absence of turnings on the upper stiles and finials and diminutive, absent, or less complex finials. Chair 3G has rectilinear stiles with anterior beaded edges, and 3H has smooth, cylindrical stiles devoid of any turnings.

**Imágenes 3G y 3H.** Dos sillas francesas que comparten algunos elementos con los modelos de España y Luisiana, como los torneados en la base, los bordes redondeados del asiento y el diseño de los travesaños. Estas sillas se diferencian en la ausencia de torneados en los largueros y remates superiores. Además, los remates son pequeños, sencillos o, incluso, inexistentes. Los largueros de la silla de la imagen 3G son rectos con el borde frontal redondeado, mientras que los largueros de la silla de la imagen 3H son lisos, cilíndricos y no cuentan con ningún tipo de torneado.

# Exhibition Checklist
# Lista de Verificación de Exposición

*The archival materials gathered for this exhibition use varied terms to describe Indigenous people and people of African descent. Out of respect for contemporary readers as well as historic subjects, archaic and offensive terms have been removed or contextualized in the compilation of this checklist. In some instances, this results in slight differences between the English and Spanish texts.*

SECTION 1

## The Spanish World

***Carlos III***
after 1761; oil on canvas
by Andrés de la Calleja, after Anton Raphael Mengs
*courtesy of Museo de la Real Academia de Bellas Artes de San Fernando. Madrid*

*Los materiales de archivo recolectados para esta exhibición usan diversos términos para describir a las personas indígenas y personas de descendencia africana. Por respeto a lectores contemporáneos al igual que a temas históricos, términos arcaicos y ofensivos han sido eliminados o contextualizados en la recopilación de esta lista de verificación. En algunos casos, esto resulta en pequeñas diferencias entre los textos en inglés y en español.*

SECCIÓN 1

## El mundo español

***Carlos III***
después de 1761; óleo sobre lienzo
por Andrés de la Calleja, después Anton Raphael Mengs
*cortesía del Museo de la Real Academia de Bellas Artes de San Fernando. Madrid*

***Geographical Aspect of the Hispanic World***
1761
by D. Vicente de Memije
*courtesy of Centro Geográfico del Ejército—Ministerio de Defensa, España*

***Aspecto geographico del Mundo Hispanico***
1761
por D. Vicente de Memije
*cortesía del Centro Geográfico del Ejército—Ministerio de Defensa, España*

***Symbolic Aspect of the Hispanic World***
1761
by D. Vicente de Memije
*courtesy of Centro Geográfico del Ejército—Ministerio de Defensa, España*

***Aspecto symbolico del Mundo Hispanico***
1761
por D. Vicente de Memije
*cortesía del Centro Geográfico del Ejército—Ministerio de Defensa, España*

***Plan of the Port of Veracruz; Plan of the City and Site of Veracruz, and Castle of San Juan de Ulua***
1786
by Tomás López de Vargas Machuca
*courtesy of Biblioteca Nacional de España*

***Plano del puerto de Veracruz; Plano de la ciudad y plaza de la Veracruz, y castillo de San Juan de Ulua***
1786
por Tomás López de Vargas Machuca
*cortesía de la Biblioteca Nacional de España*

***Plan and Description of the Imperial City of Mexico, in America***
1760
by Carlos Lopez
*courtesy of the John Carter Brown Library*

***Planta y descripcion de la ymperial ciudad de Mexico, en la America***
1760
por Carlos Lopez
*cortesía de la John Carter Brown Library*

***Plan of a Galliot Built for the Coast Guard of Cuba***
February 28, 1695
*courtesy of España. Ministerio de Cultura y Deporte. Archivo General de Indias, MP-Ingenios, 14*

***Plano de una galeota construida para guardacostas de Cuba***
28 de febrero de 1695
*cortesía de España. Ministerio de Cultura y Deporte. Archivo General de Indias, MP-Ingenios, 14*

***Plan of the City and Port of Havana***
after 1785
by Tomás López de Vargas Machuca
*courtesy of the John Carter Brown Library*

***Plano de la ciudad y puerto de la Havana***
después de 1785
por Tomás López de Vargas Machuca
*cortesía de la John Carter Brown Library*

***Plan of the Site and City of Santo Domingo, Capital of Isla Española***
1785
by Tomás López de Vargas Machuca
*courtesy of the John Carter Brown Library*

***Maritime Map of the Gulf of Mexico and Isles of America . . .***
1755
by Tomás López de Vargas Machuca and Juan de la Cruz Cano y Olmedilla
*The Historic New Orleans Collection, 1976.149*

***Plano de la plaza y ciudad de Santo Domingo, capital de la isla Española***
1785
por Tomás López de Vargas Machuca
*cortesía de la John Carter Brown Library*

***Mapa maritimo del Golfo de Mexico e Islas de la America . . .***
1755
por Tomás López de Vargas Machuca y Juan de la Cruz Cano y Olmedilla
*The Historic New Orleans Collection, 1976.149*

SECTION 2

# A Family Agreement

**Opposite:** ***Fleur de France***
**[Flower of France: the family of Louis XV]**
1765; gold, enamel, watercolor on paper
by J. Glockner de Surchamps
*courtesy of Museo Arqueológico Nacional, Madrid*

***The Family Pact signed by Carlos III of Spain and Louis XV of France***
1761
*courtesy of Biblioteca Nacional de España*

**Letter of Louis XV to Carlos III offering Louisiana**
1762
*courtesy of España. Ministerio de Cultura y Deporte. Archivo General de Simancas, EST,LEG,4552,19*

**Copy of the Royal Provision of Acceptance for the cession of the province of Louisiana to Spain bestowed by the duke of Choiseul, in the name of Louis XV, king of France, and received by the marquis of Grimaldi, in the name of Carlos III, king of Spain**
November 2 and 23, 1762
*courtesy of España. Ministerio de Cultura y Deporte. Archivo General de Indias, Santo_Domingo, 2542A*

***Preliminary Articles of Peace, between His Britannick Majesty, the Most Christian King, and the Catholick King. Signed at Fontainebleau, the 3d Day of November, 1762***
London: E. Owen and T. Harrison, 1762
*The Historic New Orleans Collection, 2018.0348*

SECCIÓN 2

# Un acuerdo familiar

**Opuesto:** ***Fleur de France***
**[Flor de francia : la familia de Luis XV]**
1765; oro, esmalte, acuarela sobre papel
por J. Glockner de Surchamps
*cortesía del Museo Arqueológico Nacional, Madrid*

***Pacto de familia tratado entre el rey nuestro señor Carlos III y el rey cristianísimo Luis XV***
1761
*courtesy of Biblioteca Nacional de España*

**Carta de Louis XV dirigida a Carlos III oferta de la Luisiana**
1762
*cortesía de España. Ministerio de Cultura y Deporte. Archivo General de Simancas, EST,LEG,4552,19*

**Copia de la Real provision de aceptación de la cesió de la provincial de Louisiana a España, otorgada por el duque de Choiseul, en nombre de Luis V, rey de Francia, y recibida por el marqués de Grimaldi, en nombre de Carlos III, rey de España**
2 y 23 de noviembre de 1762
*cortesía de España. Ministerio de Cultura y Deporte. Archivo General de Indias, Santo_Domingo, 2542A*

***Versiones preliminares de los artículos de paz entre su majestad británica, su majestad cristianísima y el rey católico. Firmados en Fontainebleau, el 3 de noviembre de 1762***
London: E. Owen and T. Harrison, 1762
*The Historic New Orleans Collection, 2018.0348*

SECTION 3

# Travel to Louisiana

**Royal Standard of Carlos III (replica)**
2019; silk, gold thread
by Celestino Isidro Pelayo
*The Historic New Orleans Collection, commissioned work*

***Geographical Description of the Current State of the River Guadalquivir . . .***
1778
by Francisco Antonio Pizarro
*courtesy of Centro Geográfico del Ejército—Ministerio de Defensa, España*

***The Sailor Educated in the Art of Navigation: Speculative and Practical, According to the Method, as Taught to the Students of the Royal Seminary of Sr. San Telmo, Outside the City Walls of Seville***
by D. Francisco de Barreda
Seville, 1766
*The Historic New Orleans Collection, acquisition made possible through the Richard Koch Fund, 2018.0204*

***Regulations of the Number of Days Sailing Outward and Homeward . . .***
July 18, 1805
*The Historic New Orleans Collection, 2019.0282.4*

SECCIÓN 3

# Viaje a Luisiana

**Estandarte real de S. M. Carlos III (réplica)**
2019; seda, hilo de oro
por Celestino Isidro Pelayo
*The Historic New Orleans Collection, trabajo encomendado*

***Descripción geográfica del estado actual del Rio Guadalquiver . . .***
1778
por Francisco Antonio Pizarro
*cortesía del Centro Geográfico del Ejército—Ministerio de Defensa, España*

***El marinero instruido en el arte de navegacion : speculativo, y practico, segun el mètodo, con que se enseña à los colegiales del Real Seminario de Sr. San Telmo, extra muros de la ciudad de Sevilla***
por D. Francisco de Barreda
Sevilla, 1766
*The Historic New Orleans Collection, adquisición posible gracias a la Richard Koch Fund, 2018.0204*

***Reglamento del número de días de navegación de ida y vuelta . . .***
18 de julio de 1805
*The Historic New Orleans Collection, 2019.0282.4*

***Seville***
1638; engraving
by Mathaus Merian
*The Historic New Orleans Collection, 2018.0400*

***Carte de la Louisiane***
***[Map of Louisiana]***
1764
by Narcissus Broutin
*courtesy of Ministerio de Defensa de España, Archivo del Museo Naval de Madrid*

***Sevilla***
1638; grabado
por Mathaus Merian
*The Historic New Orleans Collection, 2018.0400*

***Carte de la Louisiane***
***[Carta de Luisiana]***
1764
by Narcissus Broutin
*cortesía del Ministerio de Defensa de España, Archivo del Museo Naval de Madrid*

**Longitudinal section model of Spanish 18th-century galleon**
2019; sapele mahogany, pine, walnut, gold, bronze, muslin, hemp
by Luciano Benjumea Álvarez
*The Historic New Orleans Collection, commissioned work*

***Plan of the Buildings of the Post of La Baliza . . .***
February 12, 1787
*courtesy of España. Ministerio de Cultura y Deporte. Archivo General de Indias, MP-Florida_Luisiana, 110*

***Plan of the Royal Catholic Island of S[a]n Carlos, Located at the Estuary of the Mississippi, where the Governor D[o]n Antonio de Ulloa Established the Post of La Baliza . . .***
November 28, 1769
*courtesy of España. Ministerio de Cultura y Deporte. Archivo General de Indias, MP-Mexico, 250*

**Modelo de la sección longitudinal de un galeón español del siglo xviii**
2019; sapeli, pino, nogal, oro, bronce, muselina, cáñamo
por Luciano Benjumea Álvarez
*The Historic New Orleans Collection, trabajo encomendado*

***Plano de las edificaciones del puesto de la Baliza . . .***
12 de febrero de 1787
*cortesía de España. Ministerio de Cultura y Deporte. Archivo General de Indias, MP-Florida_Luisiana, 110*

***Plano de la Ysla Real Cathólica de S[a]n Carlos, situada en la embocadura del Rio de Misisipi, en la que el Governador D[o]n Antonio de Ulloa establecio el puesto de la Baliza . . .***
28 de noviembre de 1769
*cortesía de España. Ministerio de Cultura y Deporte. Archivo General de Indias, MP-Mexico, 250*

SECTION 4

# The First Spanish Governors

***Antonio de Ulloa***
20th century; oil on canvas
by Julio García Condoy, after José Roldán y Martinez
*courtesy of Ministerio de Defensa de España, Museo Naval de Madrid*

***Arithmetica universalis . . .***
***[Universal Arithmetic . . .]***
by Isaac Newton
London: Benjamin and Samuel Tooke, 1722
*courtesy of Biblioteca de la Universidad de Sevilla*

***Entretiens sur la cause de l'inclinaison des orbites des planets***
***[Conversations on the Cause of the Tilt in the Orbits of the Planets]***
by Pierre Bouguer
Paris: Ch. Ant. Jombert, 1748
*courtesy of Biblioteca de la Universidad de Sevilla*

***News of the Americas: Physico-Historical Conversations on Central and North-East America. General Comparison of the Territories, Climates, and Productions of the Three Species, Vegetable, Animal, and Mineral . . .***
by Antonio de Ulloa
presentation copy prepared for Carlos III
Madrid: Francisco Manuel de Mena, 1772
*The Historic New Orleans Collection, acquisition made possible by the Richard Koch Fund, 2019.0132*

SECCIÓN 4

# Los primeres gobernadores españoles

***Antonio de Ulloa***
siglo XX; óleo sobre lienzo
por Julio García Condoy, después José Roldán y Martinez
*cortesía del Ministerio de Defensa de España, Museo Naval de Madrid*

***Arithmetica universalis . . .***
***[La aritmética universal . . .]***
por Isaac Newton
Londres: Benjamin y Samuel Tooke, 1722
*cortesía de la Biblioteca de la Universidad de Sevilla*

***Entretiens sur la cause de l'inclinaison des orbites des planets***
***[Conversaciones sobre la causa de la inclinación en la órbita de los planetas]***
por Pierre Bouguer
París: Ch. Ant. Jombert, 1748
*cortesía de la Biblioteca de la Universidad de Sevilla*

***Noticias Americanas : entretenimientos phisicos-historicos, sobre la América Meridional, y la Septentrianal Oriental. Comparacion general de los territorios, climas, y produciones en las tres especies, vegetales, animales, y minerales . . .***
por Antonio de Ulloa
ejemplar de presentación impreso para Carlos III
Madrid: Francisco Manuel de Mena, 1772
*The Historic New Orleans Collection, adquisición posible gracias a la Richard Koch Fund, 2019.0132*

***Historical and Geographical Dissertation on the Meridian Marking the Frontier between the Domains of Spain and Portugal, and the Lands through which It Passes in Central America, According to the Treaties and Rights of Each State, and the Surest and Most Modern Observations***
by Jorge Juan and Antonio de Ulloa
copy belonging to Antonio de Ulloa and his descendants
Madrid: Antonio Marin, 1749
*The Historic New Orleans Collection, acquisition made possible by the Richard Koch Fund, 2009.0004.2*

**Telescope of Antonio de Ulloa**
18th century
*courtesy of Ministerio de Defensa de España, Museo Naval de Madrid*

***Dissertacion historica, y geographica sobre el meridiano de demarcacion entre los dominios de España, y Portugal, y los parages por donde passa en la America Meridionàl, conforme à los tratados, y derechos de cada estado, y las mas seguras, y modernas observaciones***
por Jorge Juan y Antonio de Ulloa
ejemplar perteneciente a Antonio de Ulloa y sus descendientes
Madrid: Antonio Marin, 1749
*The Historic New Orleans Collection, adquisición posible gracias a la Richard Koch Fund, 2009.0004.2*

**Anteojo de Antonio de Ulloa**
siglo XVIII
*cortesía del Ministerio de Defensa de España, Museo Naval de Madrid*

***General Summary Covering All the Inhabitants and Establishments of the Colony of Louisiana***
1766
*courtesy of Ministerio de Defensa de España, Archivo del Museo Naval de Madrid*

**"Diary of the Events [specifically the revolt] Surrounding the Expedition to the Province of Louisiana, the City of New Orleans, and the Mississippi River"**
1769
from *Noticias curiosas del siglo presente*, 1762–77
*The Historic New Orleans Collection, 97-30-L*

SECTION 5

# Establishing a City Government

**Design for the uniform of the Fixed Regiment of Louisiana**
September 15, 1785
*courtesy of España. Ministerio de Cultura y Deporte. Archivo General de Indias, MP-Uniformes, 54*

**Design for the uniform of the Louisiana and West Florida Regiments**
July 20, 1804
*courtesy of España. Ministerio de Cultura y Deporte. Archivo General de Indias, MP-Uniformes, 55*

***Resumen general, que comprehende todos los habitantes, y establecimientos de la Colonia de la Luisiana***
1766
*cortesía del Ministerio de Defensa de España, Archivo del Museo Naval de Madrid*

**«Diario de las ocurrencias [específi camente la revuelta] en la expedicion para la provincia de la Luisiana, ciudad de Nueva Orleans, y Rio Missisipi»**
1769
extraído de *Noticias curiosas del siglo presente*, 1762–77
*The Historic New Orleans Collection, 97-30-L*

SECCIÓN 5

# Estableciendo un gobierno municipal

**Diseño de uniforme del Regimiento fijo de la Luisiana**
15 de septiembre de 1785
*cortesía de España. Ministerio de Cultura y Deporte. Archivo General de Indias, MP-Uniformes, 54*

**Diseño de uniforme para los Regimientos de Luisiana y Florida Occidental**
20 de julio de 1804
*cortesía de España. Ministerio de Cultura y Deporte. Archivo General de Indias, MP-Uniformes, 55*

**Design of the uniform for the accounts and treasury officials of New Orleans**
July 13, 1801
*courtesy of España. Ministerio de Cultura y Deporte. Archivo General de Indias, MP-Uniformes, 56*

***The Laws of Las Siete Partidas, Which Are Still in Force in the State of Louisiana***
translated from the Spanish by L. Moreau Lislet and Henry Carleton
New Orleans, 1820
*The Historic New Orleans Collection, 76-830-RL.1*

**The first entry of the minute book of the Cabildo, in which the Superior Council is abolished and replaced by the Cabildo and other forms of Spanish government**
from Acts of the Cabildo, AB 300 (volume 1, August 18, 1769–August 27, 1779)
*courtesy of the New Orleans Public Library, Louisiana Division / City Archives and Special Collections*

***Don Alexandre O Reilly, commandeur de Benfayan dans l'ordre de Alcantara, lieutenant général des armées de Sa Majesté, inspecteur général d'infanterie, & par commission gouverneur & capitaine général de la province de la Louisianne* [Proclamation of Don Alejandro O'Reilly abolishing the French Superior Council and establishing a Cabildo and other forms of Spanish government, with a summary of Spanish law in regard to these offices]**
New Orleans: Denis Braud, 1769
*The Historic New Orleans Collection, 98-001-RL.1967*

**Diseño de uniforme para los oficiales de Contaduría y tesorería de Nueva Orleans**
13 de julio de 1801
*cortesía de España. Ministerio de Cultura y Deporte. Archivo General de Indias, MP-Uniformes, 56*

***Las leyes de Las Siete Partidas, aún en vigor en el estado de Luisiana***
traducido del español por L. Moreau Lislet y Henry Carleton
Nueva Orleans, 1820
*The Historic New Orleans Collection, 76-830-RL.1*

**Primera entrada en las Leyes del Cabildo mediante la que se abole el Consejo superior francés y se sustituye por el Cabildo y otras formas de gobierno españolas**
extraído de Leyes del Cabildo, AB 300 (tomo 1, 18 de agosto de 1769 al 27 de agosto de 1779)
*cortesía de la New Orleans Public Library, Louisiana Division / City Archives and Special Collections*

***Don Alexandre O Reilly, commandeur de Benfayan dans l'ordre de Alcantara, lieutenant général des armées de Sa Majesté, inspecteur général d'infanterie, & par commission gouverneur & capitaine général de la province de la Louisianne* [Proclamación de Don Alejandro O'Reilly aboliendo el Consejo superior francés y estableciendo un Cabildo y otras formas de gobierno español, con un resumen de la ley española con respecto a estas oficinas]**
Nueva Orleans: Denis Braud, 1769
*The Historic New Orleans Collection, 98-001-RL.1967*

SECTION 6

## Native Americans under Spain

***Martin Duralde, Commandant of the Opelousas Post***
ca. 1790; oil on canvas
by José Francisco Xavier de Salazar y Mendoza
*courtesy of Dr. and Mrs. Martin Duralde Claiborne III*

**Treaty between the Quapaw Great Chief and the Commandant of the Arkansas Post**
October 15, 1769
from French Superior Council and Spanish Judicial Records: 1769-10-15-03
*courtesy of the Louisiana State Museum and Louisiana Historical Society*

**Commission of the Osage Indian Petit Oiseau [Little Bird] as a Spanish captain**
May 16, 1794
by Luis Héctor, barón de Carondelet, and Manuel Andrés López de Armesto
*The Historic New Orleans Collection, 67-12-L*

SECCIÓN 6

## Indígenas de América bajo el régimen español

***Martin Duralde, comandante del puesto de Opelousas***
hacia 1790; óleo sobre lienzo
por José Francisco Xavier de Salazar y Mendoza
*cortesía de la Dr. and Mrs. Martin Duralde Claiborne III*

**Tratado entre el gran jefe quapaw y el comandante del puesto de Arkansas**
15 de octubre de 1769
extraído de los archivos del Consejo Superior francés y de la Administración de Justicia española: 1769-10-15-03
*cortesía del Louisiana State Museum y Louisiana Historical Society*

**Nombramiento del indígena osage Petit Oiseau [Pájaro Pequeño] como capitán español**
16 de mayo de 1794
por Luis Héctor, barón de Carondelet, y Manuel Andrés López de Armesto
*The Historic New Orleans Collection, 67-12-L*

**Receipt of payment for the sale of a young American Indian woman named Angelique by Louis Saint Trubereau of Pointe Coupée to Baptiste [Bourgois?] of the Acadian Coast**
1769
from French Superior Council and Spanish Judicial Records: 1769-10-15-04
*courtesy of the Louisiana State Museum and Louisiana Historical Society*

**Resguardo del pago correspondiente a la venta de una joven nativa americana de nombre Angelique vendida por Louis Saint Trubereau de Pointe Coupée a Baptiste [Bourgois?] de la costa Acadiana**
1769
extraído de los archivos del Consejo Superior francés y de la Administración de Justicia española: 1769-10-15-04
*cortesía del Louisiana State Museum y Louisiana Historical Society*

***Don Alexandre O Reilly, commandeur de Benfayan dans l'ordre de Alcantara, lieutenant général des armées de Sa Majesté, inspecteur général d'infanterie, and par commission gouverneur and capitaine général de la province de Louisianne. On fait sçavoir a tous les habitans & domicilliers dans cette province que les sages & pieuses loix de Sa Majesté . . .***
**[Proclamation of Don Alejandro O'Reilly abolishing the enslavement of Indians within the Louisiana colony per the established laws of His Majesty and ordering an inventory of all enslaved Indians]**
New Orleans, December 7, 1769
*The Historic New Orleans Collection, 67-28-L*

***Don Alexandre O Reilly, commandeur de Benfayan dans l'ordre de Alcantara, lieutenant général des armées de Sa Majesté, inspecteur général d'infanterie, and par commission gouverneur and capitaine général de la province de Louisianne. On fait sçavoir a tous les habitans & domicilliers dans cette province que les sages & pieuses loix de Sa Majesté . . .***
**[Proclamación de Don Alejandro O'Reilly que abole la esclavitud de los indígenas de la colonia de Luisiana de conformidad con lo establecido en las leyes de su majestad y mediante la que se ordena la realización de un inventario de todos los indígenas esclavizados]**
Nueva Orleans, 7 de diciembre de 1769
*The Historic New Orleans Collection, 67-28-L*

**Sale of land by the Chitimachas, represented by Chief Champagne, to Antoine Lanclos**
April 4, 1803
by Carlos Laveau Trudeau
*courtesy of the Louisiana State Archives, gift of The Historic New Orleans Collection to the State of Louisiana, EL11.1984.5*

**Venta de tierras a Antoine Lanclos por parte de los chitimachas, representados por el jefe Champagne**
4 de abril de 1803
por Carlos Laveau Trudeau
*cortesía del Louisiana State Archives, donación de la Historic New Orleans Collection al State of Louisiana, EL11.1984.5*

SECTION 7

# Enslaved and Free Africans in Spanish Louisiana

**Sample page from the baptismal register of the parish church of St. Louis (later St. Louis Cathedral) for both free people of color and enslaved people**
from St. Louis Cathedral, Baptisms, 1788–90
*courtesy of the Office of Archives and Records, Archdiocese of New Orleans*

**Official order of Carlos III (November 4, 1784) and signed by José de Gálvez as Minister of the Indies and printed and distributed in Mexico (June 28, 1786) on the order of Bernardo de Gálvez as Viceroy of Mexico, "entirely and forever" ending the practice of branding enslaved people with iron "on the face or shoulder upon arrival" in the Americas**
1784
*The Historic New Orleans Collection, acquisition made possible by the Boyd Cruise Fund, 2019.0058.2*

SECCIÓN 7

# Africanos esclavizados y libres en Luisiana española

**Ejemplar del registro bautismal de la parroquia de San Luis para los ciudadanos libres de color y las personas esclavizadas**
extraído de Catedral de San Luis, Bautismos, 1788–90
*cortesía de la Office of Archives and Records, Archdiocese of New Orleans*

**Decreto oficial promulgado por Carlos III el 4 de noviembre de 1784 y firmado por José de Gálvez como ministro de Indias por el que se ponía fin «por completo y para siempre» a la práctica de estigmatizar a las personas esclavizadas «en la cara u hombro a su llegada» a las Américas, este decreto fue impreso y distribuido en México por orden de Bernando de Gálvez como virrey de México el 28 de junio de 1786**
1784
*The Historic New Orleans Collection, adquisición posible gracias a la Boyd Cruise Fund, 2019.0058.2*

**Marriage record for Carlos Simon and Francesca, free "mulatto" people, and for Juan Bautista, an enslaved Black man, and Magdalena, an enslaved Indian woman, celebrated in March and April 1799, respectively, in the parish church of St. Louis (later St. Louis Cathedral)**
from St. Louis Cathedral, Marriages, January 1777–June 1821
*courtesy of the Office of Archives and Records, Archdiocese of New Orleans*

**Certificado de matrimonio de Carlos Simon y Francesca, «mulatos» libres, y de Juan Bautista y Magdalena, un hombre negro esclavizado y una indígena esclavizada, celebrados en marzo y abril de 1799, respectivamente, en la catedral de San Luis**
extraído de Catedral de San Luis, Matrimonios, enero de 1777–junio de 1821
*cortesía de la Office of Archives and Records, Archdiocese of New Orleans*

**Order of Bernardo de Gálvez to emancipate Agnes Mathieur, an enslaved woman, as she had a long-term relation with Captain Mathieu Platille**
December 16, 1779
by Andrés Almonester y Roxas
*courtesy of Hon. Chelsey Richard Napoleon, Clerk of Civil District Court, Parish of Orleans*

**Orden de liberación por Bernardo de Gálvez de la esclava Agnes Mathieur, porque ella era la companera del capitan Mathieu Platille**
16 de diciembre de 1779
by Andrés Almonester y Roxas
*cortesía de Hon. Chelsey Richard Napoleon, Clerk of Civil District Court, Parish of Orleans*

**Illustration of the triple mark of the royal seal or brand, used to brand enslaved persons, found in the Caja de intervención in Havana**
1773
*courtesy of España. Ministerio de Cultura y Deporte. Archivo General de Indias, MP Ingenios, 274*

**Diseño que reproduce las tres marcas de plata con el sello o carimbo real, para marcar personas esclavizadas que hallaban en la Caja de intervención de la Habana**
1773
*cortesía de España. Ministerio de Cultura y Deporte. Archivo General de Indias, MP Ingenios, 274*

**Design of the uniform of the battalion of *Morenos* of Havana**
December 21, 1763
*courtesy of España. Ministerio de Cultura y Deporte. Archivo General de Indias, MP Uniformes, 25 1763-12-21*

**Diseño de uniforme del batallon de Morenos de la Habana**
21 de diciembre de 1763
*cortesía de España. Ministerio de Cultura y Deporte. Archivo General de Indias, MP Uniformes, 25 1763-12-21*

**Order from Luis de Unzaga, governor, to submit to the Cabildo or commander of each particular district a report on the number of enslaved people owned by all persons between the mouth of the Mississippi and Natchitoches**
September 11, 1773
*The Historic New Orleans Collection, 67-25-L.6*

**Decreto del gobernador Luis de Unzaga por el que todas aquellas personas ubicadas entre la desembocadura del río Misisipi y Natchitoches debían presentar un informe al Cabildo o al comandante correspondiente de cada distrito indicando el número de personas esclavizadas que poseían**
11 de septiembre de 1773
*The Historic New Orleans Collection, 67-25-L.6*

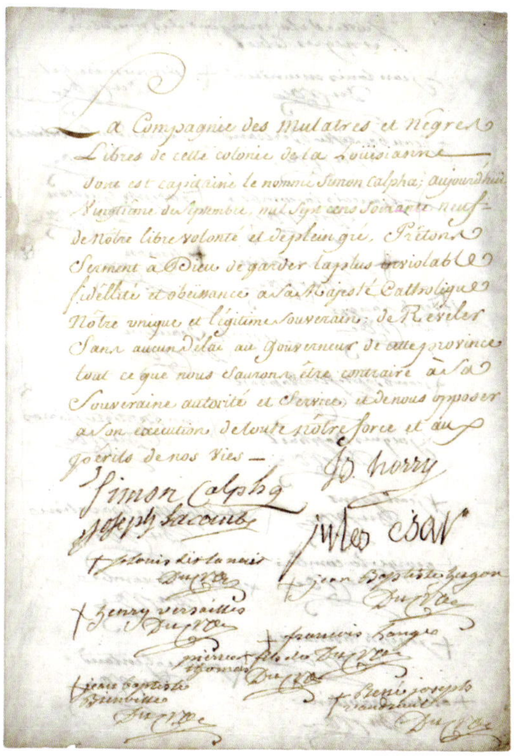

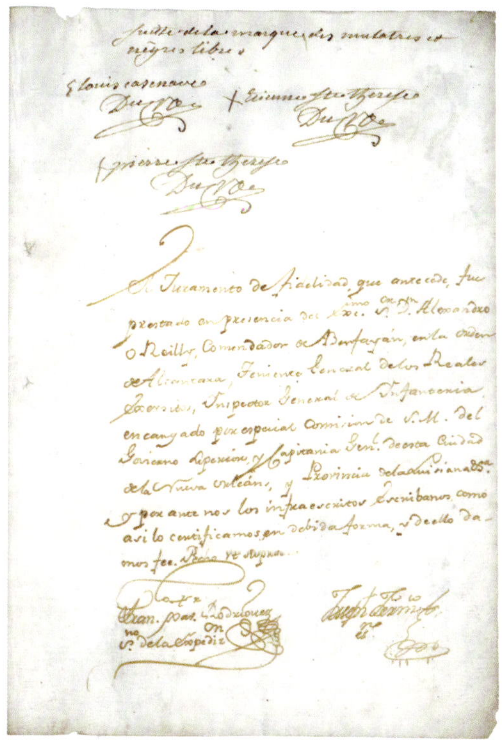

**Oath of allegiance to the king of Spain of the free Black militia**
September 20, 1769
from French Superior Council and Spanish Judicial Records: 1769-10-15-04
*courtesy of the Louisiana State Museum and Louisiana Historical Society*

**Juramento de lealtad de la milicia negra libre**
20 de septiembre de 1769
extraído de los archivos del Consejo Superior francés y de la Administración de Justicia española: 1769-10-15-04
*cortesía del Louisiana State Museum y Louisiana Historical Society*

SECTION 8

# British Threats

***The English Assault on Morro Castle of Havana***
1763; oil on canvas
by José Martin Rufo
*courtesy of Museo de la Real Academia de Bellas Artes de San Fernando. Madrid*

***Plan of the Attacks on the Fortifications of the Stronghold of Pensacola***
1781; ink and watercolor on paper
*courtesy of Ministerio de Defensa de España, Archivo del Museo Naval de Madrid*

***View of Pensacola and Its Bay. Taken by the Spaniards in the Year 1781.***
after 1781; ink and watercolor
artist unknown; collected by Cesáreo Fernández Duro
*courtesy of Ministerio de Defensa de España, Archivo del Museo Naval de Madrid*

***Bernardo de Gálvez***
1785–86; oil on canvas
*courtesy of Secretaría de Cultura—INAH—México. Reproduction for catalog authorized by the Instituto Nacional de Antropología e Historia*

SECCIÓN 8

# Amenazas británicas

***Asalto ingles al castillo del Morro de la Habana***
1763; óleo sobre lienzo
por José Martin Rufo
*cortesia de Museo de la Real Academia de Bellas Artes de San Fernando. Madrid*

***Plano de los Ataques de las fortificaciones de la plaza de Panzacola***
1781; tinta y acuarela sobre papel
*cortesia de Ministerio de Defensa de España, Archivo del Museo Naval de Madrid*

***Vista de Panzacola y su Bahía. Tomada por los españoles año de 1781***
despues de 1781; tinta y acuarela sobre papel
artista desconocido; recogido por Cesáreo Fernández Duro
*cortesia de Ministerio de Defensa de España, Archivo del Museo Naval de Madrid*

***Bernardo de Gálvez***
1785–86; óleo sobre lienzo
*cortesía de la Secretaría de Cultura—INAH—México. Reproducción para Catálogo Autorizada por el Instituto Nacional de Antropología e Historia*

**Carved dollar sign presented to Oliver Pollock, financier of the American Revolution, in 1779 by Cyrillo de Barcelona, auxiliary bishop of Santiago de Cuba assigned to Louisiana**
wood
*courtesy of the Ursuline Convent Museum of New Orleans*

**Símbolo del dólar tallado en madera con el que Cyrillo de Barcelona, obispo auxiliar de Santiago de Cuba destinado en Luisiana, obsequió a Oliver Pollock, financista de la Revolución americana, en 1779**
madera
*cortesía del Ursuline Convent Museum of New Orleans*

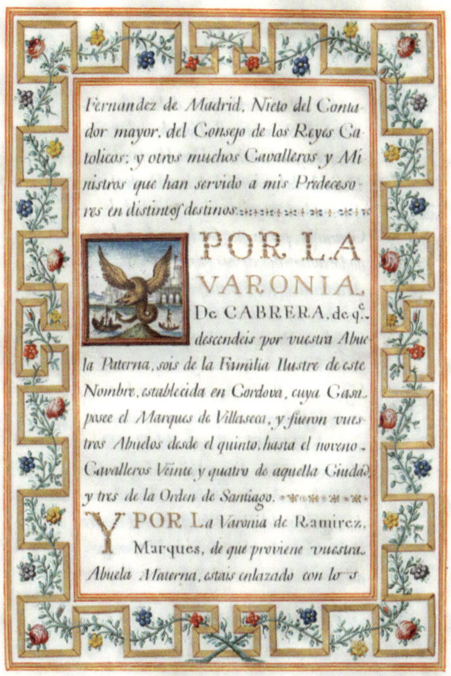
Fernandez de Madrid, Nieto del Contador mayor, del Consejo de los Reyes Catolicos: y otros muchos Cavalleros y Ministros que han servido a mis Predecesores en distintos destinos.

POR LA VARONIA De CABRERA, de q.e descendeis por vuestra Abuela Paterna, sois de la Familia Ilustre de este Nombre, establecida en Cordova, cuya Casa posee el Marques de Villaseca, y fueron vuestros Abuelos desde el quinto, hasta el noveno Cavalleros Veinte y quatro de aquella Ciudad y tres de la Orden de Santiago.

Y POR La Varonia de Ramirez, Marques, de que proviene vuestra Abuela Materna, estais enlazado con los

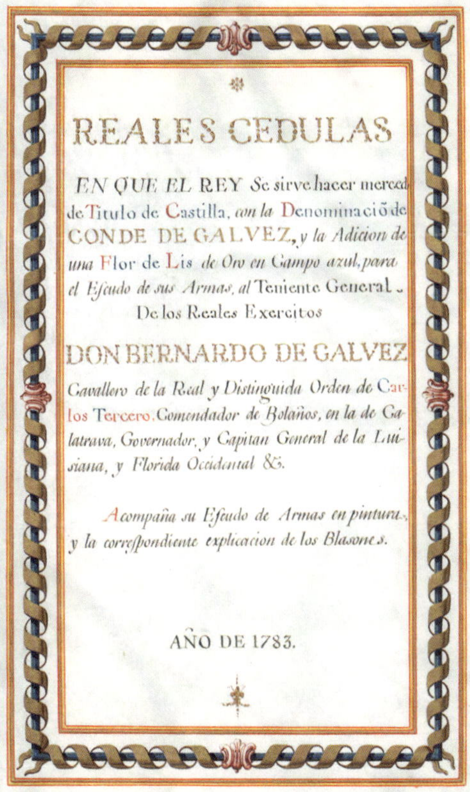
REALES CEDULAS

EN QUE EL REY Se sirve hacer merced de Titulo de Castilla, con la Denominaciõ de CONDE DE GALVEZ, y la Adicion de una Flor de Lis de Oro en Campo azul, para el Escudo de sus Armas, al Teniente General De los Reales Exercitos

DON BERNARDO DE GALVEZ

Cavallero de la Real y Distinguida Orden de Carlos Tercero, Comendador de Bolaños, en la de Calatrava, Governador, y Capitan General de la Luisiana, y Florida Occidental &c.

Acompaña su Escudo de Armas en pintura, y la correspondiente explicacion de los Blasones.

AÑO DE 1783.

**Patent of nobility awarded to Bernardo de Gálvez by Carlos III of Spain, in recognition of his victories over England (details)**
1783; ink and watercolor on vellum
*The Historic New Orleans Collection, 74-78-L.1*

**Concesion del titulo de conde otorgado a Bernardo de Galvez por el rey Carlos III de España, en premio de sus victorias contra Inglaterra (detalles)**
1783; tinta y acuarela sobre vitela
*The Historic New Orleans Collection, 74-78-L.1*

SECTION 9

# Disasters

***Plan Showing the Part of New Orleans Destroyed by the Fire of December 8, 1794***
December 25, 1794
by Juan María Perchet
*courtesy of España. Ministerio de Cultura y Deporte. Archivo General de Simancas. MDP,16,132*

**Plan of the subdivision into lots of the rectory garden of the parish church**
December 15, 1789
*courtesy of España. Ministerio de Cultura y Deporte. Archivo General de Indias, MP-Florida_Luisiana, 132*

**Assortment of archaeological artifacts from the 1788 fire**
selected by D. Ryan Gray
*courtesy of the Office of Archives and Records, Archdiocese of New Orleans*

***Father Antonio de Sedella (Pére Antoine)***
ca. 1800; oil on canvas
*courtesy of the Office of Archives and Records, Archdiocese of New Orleans*

**Plan of New Orleans showing the fire patrols of the various military regiments, including the "Pardos y Morenos"**
July 2, 1791
*courtesy of España. Ministerio de Cultura y Deporte. Archivo General de Simancas. MPD,7,80*

SECCIÓN 9

# Catástrofes

***Plano volante que manifiesta la parte de la villa de Nueva Orleans consumida en el incendio de 8 de diciembre de 1794***
25 de diciembre de 1794
por Juan María Perchet
*cortesía de España. Ministerio de Cultura y Deporte. Archivo General de Simancas. MDP,16,132*

**Plano de las casillas levantadas en el jardin de la casa curial de la parroquia de Nueva Orleans**
15 de diciembre de 1789
*cortesía de España. Ministerio de Cultura y Deporte. Archivo General de Indias, MP-Florida_Luisiana, 132*

**Conjunto de objectos arqueológicos del incendio de 1788**
seleccionados por D. Ryan Gray
*cortesía de la Office of Archives and Records, Archdiocese of New Orleans*

***Padre Antonio de Sedella (Pére Antoine)***
ca. 1800; óleo sobre lienzo
*cortesía de la Office of Archives and Records, Archdiocese of New Orleans*

**Plano de Nueva Orleans que muestra las patrullas antincendios de los diferentes regimientos militares, incluida la del Regimiento de Pardos y Morenos**
2 de julio de 1791
*cortesía de España. Ministerio de Cultura y Deporte. Archivo General de Simancas. MPD,7,80*

SECTION 10

# Urban Planning after the Fire

**Coat of arms of the Spanish Province of Louisiana (replica)**
2019; silk, paint
by Celestino Isidro Pelayo
*The Historic New Orleans Collection, commissioned work*

***Plan of the Government House***
1804
from Inventory of Existing Royal and Military Buildings in the City of New Orleans, plan number 1
*courtesy of España. Ministerio de Cultura y Deporte. Archivo Histórico Nacional*

**Plan of the façade of the cathedral in Havana**
July 20, 1735
*courtesy of España. Ministerio de Cultura y Deporte. Archivo General de Indias, MP-Santo Domingo, 181*

***Eglise de la Nouvelle Orléans***
**[St. Louis Cathedral]**
1821; lithograph with watercolor
by Édouard de Montulé
*The Historic New Orleans Collection, gift of Boyd Cruise, 1958.55*

SECCIÓN 10

# La planificación urbanística tras el incendio

**Escudo de armas de la Provincia de Luisiana (réplica)**
2019; seda, pintura
por Celestino Isidro Pelayo
*The Historic New Orleans Collection, trabajo encomendado*

***Plano de la casa del gobierno***
1804
extraído del Inventario de los edificios reales y militares existentes en la ciudad de La Nueva Orleans, plano número 1
*cortesía de España. Ministerio de Cultura y Deporte. Archivo Histórico Nacional*

**Plano de fachada para la Catedral de La Habana**
20 de julio de 1735
*cortesía de España. Ministerio de Cultura y Deporte. Archivo General de Indias, MP-Santo Domingo, 181*

**Eglise de la Nouvelle Orléans**
**[La catedral de San Luis]**
1821; litografía con acuarela
por Édouard de Montulé
*The Historic New Orleans Collection, donación de Boyd Cruise, 1958.55*

**Plan of the rectory of the church of New Orleans**
August 22, 1789
*courtesy of España. Ministerio de Cultura y Deporte. Archivo General de Indias, MP-Florida_Luisiana, 128*

***Geometric Plan of the Parish Church of the City of New Orleans***
June 12, 1801
by Gilberto Guillemard; copied and certified by Carlos Laveau Trudeau
*courtesy of the Office of Archives and Records, Archdiocese of New Orleans*

***General Warehouse and Artillery Park***
1804
from Inventory of existing royal and military buildings in the city of New Orleans, plan number 5
*courtesy of España. Ministerio de Cultura y Deporte. Archivo Histórico Nacional*

***Royal School***
1804
from Inventory of Existing Royal and Military Buildings in the City of New Orleans, plan number 11
*courtesy of España. Ministerio de Cultura y Deporte. Archivo Histórico Nacional*

***Royal Hospital***
1804
from Inventory of Existing Royal and Military Buildings in the City of New Orleans, plan number 12
*courtesy of España. Ministerio de Cultura y Deporte. Archivo Histórico Nacional*

**Planta de la casa curial de la iglesia de Nueva Orleans**
22 de agosto de 1789
*cortesía de España. Ministerio de Cultura y Deporte. Archivo General de Indias, MP-Florida_Luisiana, 128*

***Plano geometrico de la iglesia parrochial de la ciudad de Nueva Orleans***
12 de junio de 1801
por Gilberto Guillemard; copiado y certificado por Carlos Laveau Trudeau
*cortesía de la Office of Archives and Records, Archdiocese of New Orleans*

***Almacén general y parque de artilleria***
1804
extraído de Inventario de los edifi cios reales y militares existentes en la ciudad de La Nueva Orleans, plano número 5
*cortesía de España. Ministerio de Cultura y Deporte. Archivo Histórico Nacional*

***Escuela real***
1804
extraído de Inventario de los edificios reales y militares existentes en la ciudad de La Nueva Orleans, plano número 11
*cortesía de España. Ministerio de Cultura y Deporte. Archivo Histórico Nacional*

***Hospital real***
1804
extraído de Inventario de los edificios reales y militares existentes en la ciudad de La Nueva Orleans, plano número 12
*cortesía de España. Ministerio de Cultura y Deporte. Archivo Histórico Nacional*

***Plan of the Barracks of the Louisiana Dragoons***
1804
from Inventory of Existing Royal and Military Buildings in the City of New Orleans, plan number 8
*courtesy of España. Ministerio de Cultura y Deporte. Archivo Histórico Nacional*

***Plano del quartel de dragones de la Luisiana***
1804
extraído de Inventario de los edificios reales y militares existentes en la ciudad de La Nueva Orleans, plano número 8
*cortesía de España. Ministerio de Cultura y Deporte. Archivo Histórico Nacional*

***Plan of the Infantry Barracks***
1804
from Inventory of Existing Royal and Military Buildings in the City of New Orleans, plan number 3
*courtesy of España. Ministerio de Cultura y Deporte. Archivo Histórico Nacional*

***Plano del quartel de ynfanteria***
1804
extraído de Inventario de los edificios reales y militares existentes en la ciudad de La Nueva Orleans, plano número 3
*cortesía de España. Ministerio de Cultura y Deporte. Archivo Histórico Nacional*

***Customhouse***
1804
from Inventory of Existing Royal and Military Buildings in the City of New Orleans, plan number 13
*courtesy of España. Ministerio de Cultura y Deporte. Archivo Histórico Nacional*

***Aduana***
1804
extraído de Inventario de los edificios reales y militares existentes en la ciudad de La Nueva Orleans, plano número 13
*cortesía de España. Ministerio de Cultura y Deporte. Archivo Histórico Nacional*

***Royal Jail***
1804
from Inventory of Existing Royal and Military Buildings in the City of New Orleans, plan number 16
*courtesy of España. Ministerio de Cultura y Deporte. Archivo Histórico Nacional*

***Real carcel***
1804
extraído de Inventario de los edificios reales y militares existentes en la ciudad de La Nueva Orleans, plano número 16
*cortesía de España. Ministerio de Cultura y Deporte. Archivo Histórico Nacional*

**Drawings for renovations to the Royal Jail**
by Gilberto Guillemard
from Miscellaneous Record Book of New Orleans (records relating to repairs and additions to the Royal Jail), 1799–1802
*courtesy of the New Orleans Public Library, Louisiana Division / City Archives and Special Collections*

***Plan and Elevation of a Gunpowder Warehouse for Commerce, Made of Brick***
July 4, 1792
*courtesy of España. Ministerio de Cultura y Deporte. Archivo General de Indias, MP-Florida_Luisiana, 143*

***Plan and Profile of the Dragoons' Barracks***
December 18, 1794
by Gilberto Guillemard
from Inventory of Existing Royal and Military Buildings in the City of New Orleans, plan number 153
*courtesy of España. Ministerio de Cultura y Deporte. Archivo General de Indias, MP-Florida_Luisiana, 153*

**Plans for a house on Levee [Decatur] Street built by Barthélémy Lafon de Pintoir, architect, for Demoiselle Jeanne Macarty**
1794
from French Superior Council and Spanish Judicial Records: 1794-10-31-01-024-V-001-R
*courtesy of the Louisiana State Museum and Louisiana Historical Society*

**Diseños de la restauración de la cárcel real**
por Gilberto Guillemard
extraído de Libro de registros diversos de Nueva Orleans (archivos relacionados con las reparaciones y ampliaciones de la Cárcel Real), 1799–1802
*cortesía de la New Orleans Public Library, Louisiana Division / City Archives and Special Collections*

***Plano y elevación de un almacén de pólvora para la del comercio, hecho de ladrillo***
4 de julio de 1792
*cortesía de España. Ministerio de Cultura y Deporte. Archivo General de Indias, MP-Florida_Luisiana, 143*

***Plano y perfil del quartel de Dragones***
18 de diciembre de 1794
por Gilberto Guillemard
extraído de Inventario de los edificios reales y militares existentes en la ciudad de La Nueva Orleans, plano número 153
*cortesía de España. Ministerio de Cultura y Deporte. Archivo General de Indias, MP-Florida_Luisiana, 153*

**Planos de una vivienda en la calle Levee, hoy en día en calle Decatur, construida por el arquitecto Barthélémy Lafon de Pintoir para la señorita Jeanne Macarty**
1794
extraído de los archivos del Consejo Superior francés y de la Administración de Justicia española: 1794-10-31-01-024-V-001-R
*cortesía del Louisiana State Museum y Louisiana Historical Society*

***Section Plan and Pillar Structure for Construction of the New Fish Market in New Orleans***
February 22, 1799
by Gilberto Guillemard
*courtesy of España. Ministerio de Cultura y Deporte. Archivo General de India , MP-Florida_Luisiana, 210*

***Elévation geometralle contenant les principalles parties d'une sucrerie, pr. Bau[din] [Geometrical Elevation of the Main Parts of a Sugar Mill, for Baudin]***
January 29, 1800
by Jean-Marie Godofre Dujareau
from Court Proceedings of Narcisse Broutin (volume 42, page 34)
*courtesy of Hon. Chelsey Richard Napoleon, Clerk of Civil District Court, Parish of Orleans*

***Cross section of the support beams for the semi-circular portion of a sugar mill's roof***
January 29, 1800
by Jean-Marie Godofre Dujareau
from Court Proceedings of Narcisse Broutin (volume 42, page 18)
*courtesy of Hon. Chelsey Richard Napoleon, Clerk of Civil District Court, Parish of Orleans*

***Plans of New Cemeteries [including the Protestant section] and the Old, and Showing the Distance to the Most Notable Landmarks of the Same Part of Town***
June 12, 1801
by Gilberto Guillemard; copied and certified by Carlos Laveau Trudeau
*courtesy of the Office of Archives and Records, Archdiocese of New Orleans*

***Plano de sección y armazón de pilares para las obras la nueva lonja de pescado, en Nueva Orleans***
22 de febrero de 1799
por Gilberto Guillemard
*cortesía de España. Ministerio de Cultura y Deporte. Archivo General de India , MP-Florida_Luisiana, 210*

***Elévation geometralle contenant les principalles parties d'une sucrerie, pr. Bau[din] [Alzado de las partes principales de una azucarera realizado para Baudin]***
29 de enero de 1800
por Jean-Marie Godofre Dujareau
extraído de los autos judiciales de Narcisse Broutin (tomo 42, página 34)
*cortesía de Hon. Chelsey Richard Napoleon, Clerk of Civil District Court, Parish of Orleans*

***Sección transversal de las vigas de apoyo de la parte semicircular del tejado de una azucarera***
29 de enero de 1800
por Jean-Marie Godofre Dujareau
extraído de los autos judiciales de Narcisse Broutin (tomo 42, página 18)
*cortesía de Hon. Chelsey Richard Napoleon, Clerk of Civil District Court, Parish of Orleans*

***Plano de los cimentieros, nuevo [incluido de los hereticos], y anciano : reducido, baxo las distancias de los puntos mas notables, del mismo barrio***
12 de junio de 1801
por Gilberto Guillemard; copiado y certificado por Carlos Laveau Trudeau
*cortesía de la Office of Archives and Records, Archdiocese of New Orleans*

SECTION 11

# Mississipppi River and Immigration

**Plan by Carlos Trudeau for a riverfront public park proposed by Bernard Tremoulet**
July 1796
*The Historic New Orleans Collection, 2014.0180.2*

**Treaty of friendship, boundaries, and navigation between Spain and the United States**
October 27, 1795
negotiated by Thomas Pinckney Sr. and Manuel de Godoy
*The Historic New Orleans Collection, 75-217-L.4*

***Plan of Fort St. Philip in Plaquemine and of Fort Bourbon, on the Opposite Side of the Mississippi River***
January 11, 1795
by Juan María Perchet
*courtesy of Archivo General Militar de Madrid*

**Opposite: Galley of Governor Gayoso de Lemos of the Spanish Mississippi Naval Squadron**
October 1795
by William Clark
*courtesy of the Missouri Historical Society, St. Louis, D00465*

***Port of New-Orleans Shut***
Natchez, MS: Andrew Marschalk, October 28, 1802
*courtesy of España. Ministerio de Cultura y Deporte. Archivo General de Indias, Cuba, 95, 523a, F.1084*

SECCIÓN 11

# Río Misisipi y inmigración

**Plan de Carlos Trudeau para un parque público en la ribera del río propuesta por Bernardo Tremoulet**
Julio de 1796
*The Historic New Orleans Collection, 2014.0180.2*

**Tratado de amistad, límites y navegación concluido entre el rey nuestro señor y Los Estados Unidos de América**
27 de octubre de 1795
negociado por Thomas Pinckney Snr. y Manuel de Godoy
*The Historic New Orleans Collection, 75-217-L.4*

***Plano del castillo de San Felipe de Placaminas y Fuerte Borbón, situado en la orilla opuesta***
11 de enero de 1795
por Juan María Perchet
*cortesía del Archivo General Militar de Madrid*

**Opuesto: Buque del Governor Gayoso de Lemos del Escuadrón naval español del Misisipi**
Octubre de 1795
por William Clark
*cortesía de la Missouri Historical Society, St. Louis, D00465*

***Puerto de Nueva Orleans cerrado***
Natchez, MS: Andrew Marschalk, 28 de octubre de 1802
*cortesía de España. Ministerio de Cultura y Deporte. Archivo General de Indias, Cuba, 95, 523a, F.1084*

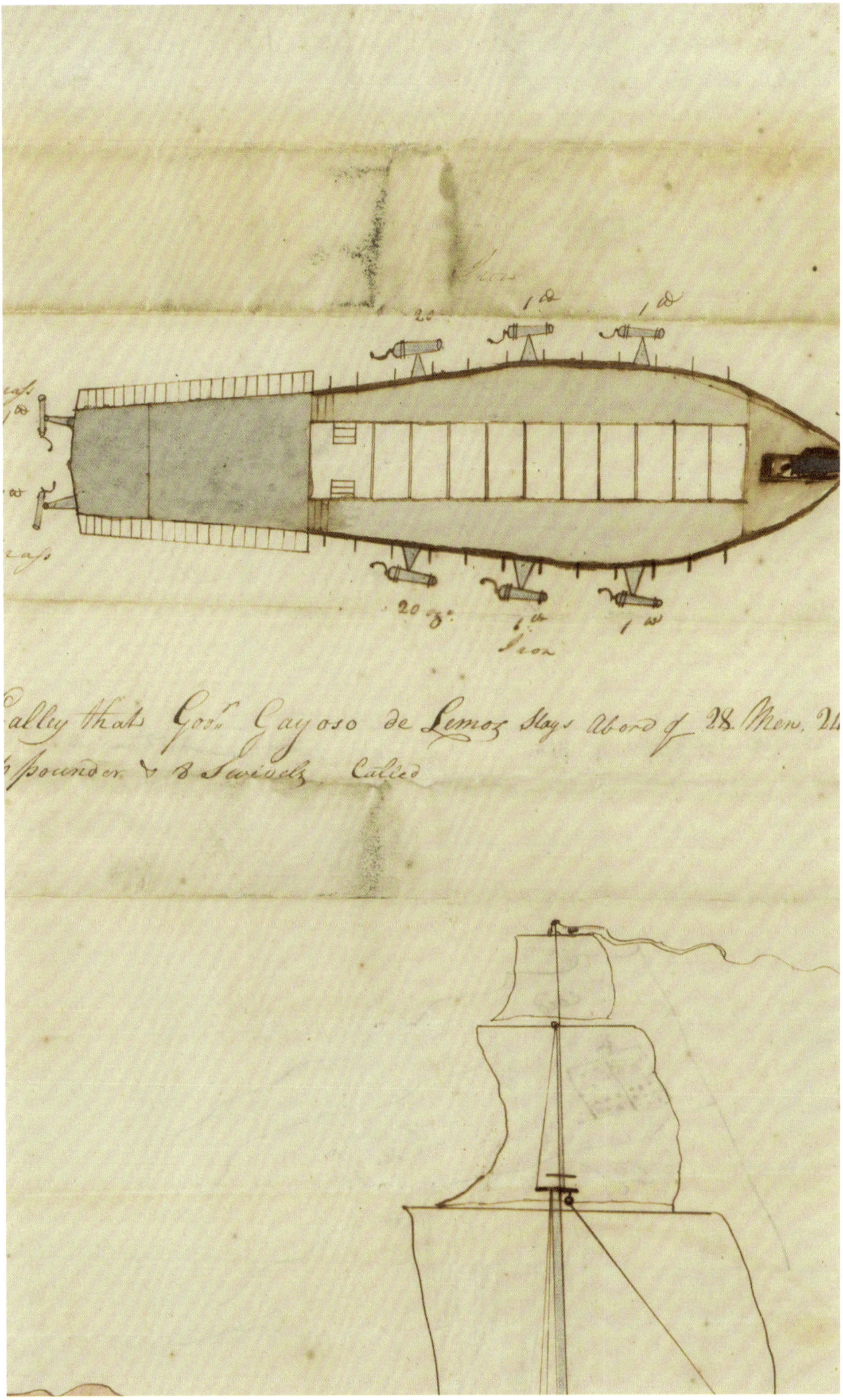
alley that Govr Gayoso de Lemoz Stays abord of 28 Men.
pounder & 8 Swivels Called

**Survey of property of Louis Marcos, adjacent to properties of His Majesty and Gonsalve de Prados, Francois Gonsoulin, surveyor**
1794
by Francois Gonsoulin
*courtesy of the Louisiana State Archives, gift of The Historic New Orleans Collection to the State of Louisiana, EL11.1984.6*

**Medición de la propiedad de Louis Marcos, colindante a las propiedades de Su Majestad y Gonsalve de Prados, Francois Gonsoulin, topógrafo**
1794
por Francois Gonsoulin
*cortesía de los Louisiana State Archives, donación de la Historic New Orleans Collection al State of Louisiana, EL11.1984.6*

**Survey of land in the St. Bernard settlement, on Bayou aux Boeufs, granted to Hilario Baros**
February 4, 1792
by Carlos Laveau Trudeau
*courtesy of the Louisiana State Archives, gift of The Historic New Orleans Collection to the State of Louisiana, EL11.1984.8*

**Medición de un terreno en el asentamiento de San Bernando, en la vía fluvial Bayou aux Boeuf, concedido a Hilario Baros**
4 de febrero de 1792
por Carlos Laveau Trudeau
*cortesía de los Louisiana State Archives, donación de la Historic New Orleans Collection al State of Louisiana, EL11.1984.8*

**Death and burial records for soldiers from Portugal, Italy, and northern Spain**
from Royal Military Hospital, Funerals, August 17, 1786–April 17, 1796
*courtesy of the Office of Archives and Records, Archdiocese of New Orleans*

**Registros de defunción y entierro para soldados de Portugal, Italia y el norte de España**
del Royal Military Hospital, Funerales, del 17 de agosto de 1786 al 17 de abril de 1796
*cortesía de la Office of Archives and Records, Archdiocese of New Orleans*

**Survey of the property of Marie Babin (widow of Claude Martin) showing the neighboring property of Firmin Bro and Francois Moreau and the River Teche**
1799
by Francois Gonsoulin, surveyor
*courtesy of the Louisiana State Archives, gift of The Historic New Orleans Collection to the State of Louisiana, EL11.1984.7*

**Medición de la propiedad de Marie Babin (viuda de Claude Martin) en la que aparecen las propiedades colindantes de Firmin Bro y Francois Moreau y el río Teche**
1799
por Francois Gonsoulin, topógrafo
*cortesía de los Louisiana State Archives, donación de la Historic New Orleans Collection al State of Louisiana, EL11.1984.7*

SECTION 12

# Daily and Civic Life

**Voucher for 2 *reales* for Louisiana, proof for eight coins or promissory notes**
September 12, 1789
*courtesy of España. Ministerio de Cultura y Deporte. Archivo General de Indias, MP-Monedas, 7*

SECCIÓN 12

# La vida cotidiana y cuidadana

**Vale de 2 reales para la Luisiana, prueba de ocho piezas o billeters**
12 de septiembre de 1789
*cortesía de España. Ministerio de Cultura y Deporte. Archivo General de Indias, MP-Monedas, 7*

**Playing cards used as IOUs, signed on the verso by Don Andrés Almonester y Roxas, submitted as evidence in court that he owed payment to Miguel Bayud, a free man of color, for hauling materials used in the construction of the new parish church (later St. Louis Cathedral)**
1772
from French Superior Council and Spanish Judicial Records: 1772-10-31-01 p. 72
*courtesy of the Louisiana State Museum and Louisiana Historical Society*

***Andrés Almonester y Roxas***
1796; oil on canvas
by José Francisco Xavier de Salazar y Mendoza
*courtesy of the Office of Archives and Records, Archdiocese of New Orleans*

**Account of the festivities celebrated in New Orleans for the proclamation of Carlos IV as king of Spain**
May 8, 1789
from Acts of the Cabildo (volume 3, July 2, 1784–April 10, 1785)
*courtesy of the New Orleans Public Library, Louisiana Division / City Archives and Special Collections*

***Maria Luisa de Parma as Princess of Asturias***
ca. 1782; oil on canvas
by Ginés Andrés de Aguirre
*courtesy of Museo de la Real Academia de Bellas Artes de San Fernando. Madrid*

**Naipes utilizados como pagarés, firmados al dorso por Don Andrés Almonester y Roxas, presentados como prueba ante los tribunales de un adeudo contraído por el mencionado con Miguel Bayud, hombre de color libre, por transportar los materiales utilizados en la construcción de la nueva parroquia. Posteriormente, esta parroquia se convertiría en la catedral de San Luis**
1772
extraído de los archivos del Consejo Superior francés y de la Administración de Justicia española: 1772-10-31-01 p. 72
*cortesía del Louisiana State Museum y Louisiana Historical Society*

***Andrés Almonester y Roxas***
1796; oil on canvas
por José Francisco Xavier de Salazar y Mendoza
*cortesía de la Office of Archives and Records, Archdiocese of New Orleans*

**Informe de las festividades celebradas en Nueva Orleans por la proclamación de Carlos IV como rey de España**
8 de mayo de 1789
extraído de Leyes del Cabildo (tomo 3, 2 de julio de 1784–10 de abril de 1785)
*cortesía de la New Orleans Public Library, Louisiana Division / City Archives and Special Collections*

***María Luisa de Parma como princesa de Asturias***
hacia 1782; óleo sobre lienzo
por Ginés Andrés de Aguirre
*cortesía del Museo de la Real Academia de Bellas Artes de San Fernando. Madrid*

***Carlos IV as Prince of Asturias***
between 1779 and 1782; oil on canvas
by Ginés Andrés de Aguirre
*courtesy of Museo de la Real Academia de Bellas Artes de San Fernando. Madrid*

**Color drawing of the festivities celebrated by Felipe Bartolomé Ramírez Hernández de la Mota, chief of the Villa of San Miguel el Grande, Mexico, on the occasion of the proclamation of Don Carlos IV**
1799; ink and illuminated gouache on paper
*courtesy of España. Ministerio de Cultura y Deporte. Archivo General de Indias, MP-Mexico, 434*

**Design of a military trumpet**
December 31, 1783
*courtesy of España. Ministerio de Cultura y Deporte. Archivo General de Indias, MP-Ingenios, 54*

**Battalion colors of the Fixed Infantry Regiment of Louisiana (replica)**
2019; silk, gold thread
by Celestino Isidro Pelayo
*The Historic New Orleans Collection, commissioned work*

***Carlos IV como príncipe de Asturias***
entre 1779 y 1782; óleo sobre lienzo
por Ginés Andrés de Aguirre
*cortesía del Museo de la Real Academia de Bellas Artes de San Fernando. Madrid*

**Dibujos en colores, de los festejos celebrados por D. Felipe Bartolomé Ramírez Hernández de la Mota, cacique de la villa de San Miguel el Grande, con motivo de la proclamacion de Don Carlos IV**
1799; tinta e iluminado a la aguada sobre papel
*cortesía de España. Ministerio de Cultura y Deporte. Archivo General de Indias, MP-Mexico, 434*

**Diseño de una trompeta militar**
31 de diciembre de 1783
*cortesía de España. Ministerio de Cultura y Deporte. Archivo General de Indias, MP-Ingenios, 54*

**Bandera del Regimiento de infantería fijo de Luisiana (réplica)**
2019; silk, gold thread
by Celestino Isidro Pelayo
*The Historic New Orleans Collection, trabajo encomendado*

SECTION 13

## Religion

**Opposite: Statue of Christ with crown of thorns**
plaster, wood, textile, metal armature, polychrome surface
*courtesy of the Ursuline Convent Museum of New Orleans*

**Maniple (worn over the left arm), stole (worn over the neck), chasuble (the outer vestment), humeral veil (worn over the shoulders), and burse (a stiff purse designed to hold the square white linen cloth upon which the chalice and paten are placed)**
ca. 1782; embroidered gold cloth, lace trim of gold and silver wire thread
*courtesy of the Ursuline Convent Museum of New Orleans*

**Silver embroidered antependium used in the St. Louis Cathedral during the Spanish period**
*courtesy of the Louisiana State Museum, gift of the University of Notre Dame*

**Papal bull from Pope Pius VI to King Carlos IV communicating the appointment of Luis Peñalver y Cárdenas to the bishopric of New Orleans**
September 12, 1794
*courtesy of España. Ministerio de Cultura y Deporte. Archivo General de Indias, MP-Bulas_Breves, 392*

SECCIÓN 13

## Religión

**Opuesto: Estatua de Cristo con corona de espino**
escayola, madera, tejido, armazón de metal, superficie policromada
*cortesía del Ursuline Convent Museum of New Orleans*

**Manípulo (sujetado al antebrazo izquierdo), estola (llevada sobre el cuello), casulla (vestidura exterior), velo humeral (colocado sobre los hombros) y bolsa de corporales (pieza rígida diseñada para guardar el corporal sobre el que se colocan el cáliz y la patena)**
hacia 1782; tela dorada bordada, adornos en encaje de hilo de plata y oro
*cortesía del Ursuline Convent Museum of New Orleans*

**Antipendio bordado en plata utilizado en la Catedral de San Luis durante el periodo español**
*cortesía del Louisiana State Museum, donación de la University of Notre Dame*

**Bula del papa Pío VI al rey Carlos IV comunicando la provisión del obispado de Nueva Orleans en Luis Peñalver y Cárdenas**
12 de septiembre de 1794
*cortesía de España. Ministerio de Cultura y Deporte. Archivo General de Indias, MP-Bulas_Breves, 392*

CHRIST OF HUMILITY AND PATIENCE
SPANISH COLONIAL PERIOD
ARTIST UNKNOWN

***Bishop Luis Ignacio Maria de Peñalver y Cárdenas***
ca. 1801; oil on canvas
by José Francisco Xavier de Salazar y Mendoza
*courtesy of the Louisiana State Museum, gift of University of Notre Dame*

**Crozier (the pastoral staff and symbol of authority and jurisdiction of a bishop) of Luis Peñalver y Cárdenas, first bishop of the diocese of Louisiana and the Floridas**
ca. 1795; cast and chased copper-gilt, constructed in sections
*courtesy of the Office of Archives and Records, Archdiocese of New Orleans*

***El Obispo Luis Ignacio Maria de Peñalver y Cárdenas***
hacia 1801; óleo sobre lienzo
por José Francisco Xavier de Salazar y Mendoza
*cortesía del Louisiana State Museum, donación de la University of Notre Dame*

**Báculo (palo pastoral y símbolo de autoridad del obispo) de Luis Peñalver y Cárdenas, el primer obispo del diócesis de Luisana y los Floridas**
hacia 1795; cobre fundido y cincelado bañado en oro, hecho por partes
*cortesía de la Office of Archives and Records, Archdiocese of New Orleans*

SECTION 14

# Material Culture of Spanish Louisiana

**Campeche chair in the arched or "melon" crest**
ca. 1820; mahogany, leather
made in Louisiana
*courtesy of the Stromeyer Family Collection*

**Drawing of the head of the nave (altar, altarpiece, and side doors) of the Church of San Nicolás de Morón, in the parish of the same name, near Santiago de Cuba**
1802
*courtesy of España. Ministerio de Cultura y Deporte. Archivo General de Indias, MP-Santo Domingo, 866*

**Design for confessional in the Church of San Nicolás de Morón, in the parish of the same name, near Santiago de Cuba**
1802
*courtesy of España. Ministerio de Cultura y Deporte. Archivo General de Indias, MP-Santo Domingo, 867*

**Longcase clock, with French pinwheel regulator, given by Bishop Peñalver y Cárdenas to the Ursuline nuns of New Orleans**
ca. 1801; cypress (case)
made in Louisiana or Cuba (case); France (mechanism)
*courtesy of the Ursuline Convent Museum of New Orleans*

SECCIÓN 14

# Cultura material de la Luisiana española

**Silla campeche con copete arqueado**
hacia 1820; caoba, piel
fabricada en Luisiana
*cortesía de la Stromeyer Family Collection*

**Dibujo de la cabecera (altar, retablo y puertas laterales) de la iglesia de San Nicolás de Morón, en el curato del mismo nombre, cerca de Santiago de Cuba**
1802
*cortesía de España. Ministerio de Cultura y Deporte. Archivo General de Indias, MP-Santo Domingo, 866*

**Diseño del mobiliario para la iglesia de San Nicolás de Morón, en el curato del mismo nombre, cerca de Santiago de Cuba**
1802
*cortesía de España. Ministerio de Cultura y Deporte. Archivo General de Indias, MP-Santo Domingo, 867*

**Reloj de pie con volante regulador francés, entregado por el obispo Peñalver y Cárdenas a las monjas ursulinas de Nueva Orleans**
hacia 1801; ciprés (caja)
fabricada en Luisiana o Cuba (caja); Francia (mecanismo)
*cortesía del Ursuline Convent Museum of New Orleans*

SECTION 15

# Cultural Life

**Opposite:** ***Célèste Antonia de Lavillebeuvre***
1788 or 1789; oil on canvas
by José Francisco Xavier de Salazar y Mendoza
*The Historic New Orleans Collection, gift of Olga and Yvonne Tremoulet, 2005.0345.2*

**Late 18th-century Robe à la polonaise (replica)**
2019; cotton, linen, and nylon
by Ana Ruiz Moreno
*The Historic New Orleans Collection, commissioned work*

SECCIÓN 15

# Vida cultural

**Opuesto:** ***Célèste Antonia de Lavillebeuvre***
1788 o 1789; óleo sobre lienzo
por José Francisco Xavier de Salazar y Mendoza
*The Historic New Orleans Collection, donación de Olga e Yvonne Tremoulet, 2005.0345.2*

**Robe à la polonaise de finales del siglo XVIII (réplica)**
2019; algodón, lino y nailon
por Ana Ruiz Moreno
*The Historic New Orleans Collection, trabajo encomendado*

**Tusk of *Mastodon angustidens* (a distant relative of the elephant) of Louisiana, collected by Cardinal Francisco Antonio de Lorenzana y Butrón (Archbishop of Mexico, 1766–72; Archbishop of Toledo, 1772–1800)**
Miocene epoch (23 to 5 million years ago); fossilized ivory
*courtesy of Colección Histórica IES El Greco, Toledo*

**Colmillo de *Mastodon angustidens* de Luisiana, pariente lejano del elefante, recogido por el cardenal Francisco Antonio de Lorenzana y Butrón, arzobispo de México de 1766 a 1722 y arzobispo de Toledo de 1722 a 1800**
Mioceno (de hace 23 a 5 millones de años); marfil fosilizado
*cortesía de la Colección Histórica IES El Greco, Toledo*

***Épitre a Don Bernard de Galvez, colonel des armées de Sa Majesté catholique . . .***
**[Heroic poem celebrating Bernardo de Gálvez, colonel of His Most Catholic Majesty's armies]**
by Julien Poydras
New Orleans: Antoine Boudousquié, 1777
*courtesy of Rare Book Division, the New York Public Library, Astor, Lenox and Tilden Foundations*

***Épitre a Don Bernard de Galvez, colonel des armées de Sa Majesté catholique . . .***
**[Poema épico alabando a Bernando de Gálvez, coronel del ejército de su católica majestad]**
por Julien Poydras
Nueva Orleans: Antoine Boudousquié, 1777
*cortesía de la Rare Book Division, New York Public Library, Astor, Lenox and Tilden Foundations*

SECTION 16

# The Spanish Period Ends

SECCIÓN 16

# Final del período español

**Plan of New Orleans, at the end of the Spanish period, showing the new neighborhoods outside the city walls**
*courtesy of Archivo General Militar de Madrid*

**Plano de Nueva Orleans al final de la época española con los nuevos crecimientos extramuros**
*cortesía de Archivo General Militar de Madrid*

***Plan of New Orleans between Bienville and Gravier Streets, in the suburb of St. Mary***
March 11, 1800
*courtesy of España. Ministerio de Cultura y Deporte. Archivo General de Indias, MP-Florida_Luisiana, 216*

***Plano del sector de Nueva Orleans comprendido entre la calle Bienville y la de Gravier, en el arrabal de Santa María***
11 de marzo de 1800
*cortesía de España. Ministerio de Cultura y Deporte. Archivo General de Indias, MP-Florida_Luisiana, 216*

***Plan Showing the Status of New Orleans, at the Time that O'Reilly Took Possession of It. Prepared to Illustrate the Land and Properties Purchased by Carlos III from Louis XV***
June 6, 1801
*courtesy of España. Ministerio de Cultura y Deporte. Archivo General de Indias, MP-Florida_Luisiana, 219*

***Plano de la ciudad de Nueva Orleans en el estado en que estaba cuando el excelentísimo señor conde de O'Reilly tomó posesión de ella. Formado para manifestar los terrenos y edificios que compró el rey***
6 de junio de 1801
*cortesía de España. Ministerio de Cultura y Deporte. Archivo General de Indias, MP-Florida_Luisiana, 219*

***Salvador Muro y Salazar, Marqués de Someruelos***
1799; oil on canvas
by Vicente Escobar
*courtesy of España. Ministerio de Cultura y Deporte. Archivo General de Indias, Retratosgcg_Cuba, 4*

**Order of the king of Spain to the marqués de Someruelos, captain general of Louisiana and Havana, Cuba, to retrocede Louisiana to France**
October 15, [1802]
by Carlos IV, King of Spain; French translation of the original Spanish, signed in Barcelona by Pedro Cevallos, minister of foreign affairs
*The Historic New Orleans Collection, 75-217-L.3*

**Procès-verbal of the retrocession of Louisiana from Spain to France**
November 30, 1803
*The Historic New Orleans Collection, 75-217-L.1*

***Salvador Muro y Salazar, marqués de Someruelos***
1799; óleo sobre lienzo
por Vicente Escobar
*cortesía de España. Ministerio de Cultura y Deporte. Archivo General de Indias, Retratosgcg_Cuba, 4*

**Orden dictada por el rey de España dirigida al marqués de Someruelos, capitán general de Luisiana, La Habana y Cuba, para que devuelva Luisiana a Francia**
15 de octubre de [1802]
por Carlos IV, rey de España; traducción al francés del original en español. Firmada en Barcelona por Pedro Cevallos, ministro de asuntos exteriores.
*The Historic New Orleans Collection, 75-217-L.3*

**Acta por la que España devuelve Luisiana a Francia**
30 de noviembre de 1803
*The Historic New Orleans Collection, 75-217-L.1*

***Plan of the Port of Veracruz; Plan of the City and Site of Veracruz, and Castle of San Juan de Ulua***
1786
by Tomás López de Vargas Machuca
*courtesy Biblioteca Nacional de España*

***Plano del Puerto de Veracruz; Plano de la ciudad y Plaza de la Veracruz, y Castillo de San Juan de Ulua***
1786
by Tomás López de Vargas Machuca
*cortesia de Biblioteca Nacional de España*

# Author Biographies

# Biografías de los Autores

## ALFRED E. LEMMON

Alfred E. Lemmon is director of the Williams Research Center of The Historic New Orleans Collection. He holds a doctorate in Latin American studies from Tulane University. An authority on French and Spanish colonial cultural history, he has been published in numerous books, encyclopedias, and scholarly journals in the United States, Europe, and Latin America. His expertise extends into the fields of Louisiana history and archival history. Among other honors, he has received the l'Ordre des Palmes Académiques (Order of the Academic Palms) from France and membership in la Orden de Isabel la Católica (Order of Isabella the Catholic) from Spain. In 2013, he received the Lifetime Contribution to the Humanities award from the Louisiana Endowment for the Humanities.

Alfred E. Lemmon es director del Williams Research Center del Historic New Orleans Collection. Es doctor en Estudios Latinoamericanos por la Tulane University. Como experto en la historia cultural colonial francesa y española, sus trabajos han sido publicados en varios libros, enciclopedias y en revistas académicas de Estados Unidos, Europa y Latinoamérica. Así mismo, es experto en Historia de Luisiana y en Historia de la Archivística. Entre otras condecoraciones, ha recibido l'Ordre des Palmes Académiques (la Orden de las Palmas Académicas) de Francia y es miembro de la española Orden de Isabel la Católica. En 2013, recibió el premio Toda una Vida Dedicada a las Humanidades por parte de la Louisiana Endowment for the Humanities.

## LIGHT TOWNSEND CUMMINS

Light Townsend Cummins is the Guy M. Bryan Professor of History, Emeritus, at Austin College in Sherman, Texas. He served on the faculty there from 1978 until 2018 and was named a Minnie Stevens Piper Professor in 2006. Cummins holds a bachelor's and a master's degree from Texas State University–San Marcos, where he has received the Distinguished Alumni Award and been named an Outstanding Alumnus. He received a PhD in history from Tulane University, where he worked with Hugh F. Rankin and Bennett H. Wall. He served as the official Texas State Historian from 2009 until 2012, and has been a Fulbright Scholar to Spain. Cummins is a member of the Texas Institute of Letters and the Philosophical Society of Texas. He is a lifetime fellow of the Texas State Historian Association and a member of the Company of Fellows of the Louisiana Historical Association. In 1994, in recognition of his research on the history of Spain and the United States, he was awarded the Premio de España y America by King Juan Carlos I.

Light Townsend Cummins es el professor emérito Guy M Bryan de Historia del Austin College, en Sherman, Texas. Trabajó en dicha universidad desde 1978 hasta 2018. Fue nombrado Profesor Minnie Stevens Piper en 2006. Cummins cursó su carrera y máster en la Texas State University–San Marcos, donde ha recibido el Premio de Exalumnos Célebres y ha sido nombrado Exalumno Destacado. Es doctor en Historia por la Tulane University, donde ha trabajado con Hugh F. Rankin y Bennett H. Wall. Desde 2009 a 2012, ocupó el cargo ofi cial de Historiador del Estado de Texas y obtuvo la beca Fulbright para investigar en España. Cummins es miembro del Texas Institute of Letters y de la Philosophical Society of Texas. Es miembro numerario de la Texas State Historian Association y miembro de la Company of Fellows of the Louisiana Historical Association. En 1994, fue galardonado con el Premio de España y América por el rey Juan Carlos I en reconocimiento a su investigación sobre la historia de España y los Estados Unidos.

## RICHARD CAMPANELLA

Richard Campanella, a geographer and associate dean for research with the Tulane School of Architecture, is the author of eleven books and over 200 articles on New Orleans geography, history, urbanism, and related topics. His research, which integrates mapping and spatial analyses with architecture, social science, and the humanities, has been praised in the *New York Review of Books*, *Journal of Southern History*, *Urban History*, *Places*, *Louisiana History*, *Journal of the Abraham Lincoln Association*, and *Bloomsbury Review*. The only two-time winner of the Louisiana Endowment for the Humanities' Book of the Year award, Campanella has also received the Louisiana Literary Award, the Kemper and Leila Williams Prize in Louisiana History, the Malcolm Heard Award for Excellence in Teaching, the Hannah Arendt Prize for Scholarship in the Public Interest, and the Tulane Honors Professor of the Year Award. In 2016, the government of France named Campanella as Chevalier dans l'Ordre des Palmes Académiques (Knight in the Order of the Academic Palms). He lives with his wife Marina and son Jason in uptown New Orleans.

Richard Campanella, geógrafo y decano asociado de investigación en la Tulane School of Architecture, es autor de once libros y más de doscientos artículos sobre la geografía de Nueva Orleans, su historia, urbanismo y demás temas relacionados. Su investigación, que combina la cartografía y el análisis espacial con la arquitectura, ciencias sociales y humanidades, ha sido elogiada en New York Review of Books, Journal of Southern History, Urban History, Places, Louisiana History, Journal of the Abraham Lincoln Association y Bloomsbury Review. Es la única persona que ha ganado dos veces el premio al Libro del Año otorgado por la Louisiana Endowment for the Humanities, Campanella también ha recibido el Premio Literario de Luisiana, el Premio Kemper y Leila Williams en la Historia de Luisiana y el Premio Malcolm Heard a la Docencia Excelente. Así mismo, fue galardonado con el Premio Hannah Arendt de Becas de Interés Público y recibió el Premio a Profesor de Honor del Año por la Tulane University. En 2016, el gobierno francés le concedió del título de Chevalier dans l'Ordre des Palmes Académiques (caballero de la Orden de las Palmas Académicas). Vive en la zona residencial de Nueva Orleans con su mujer Marina y su hijo Jason.

# Acknowledgments
# Agradecimientos

The history of this exhibition begins in the office of Severiano Hernández Vicente, Archivos Estatales de España. Our discussion centered on the promotion of Spanish heritage in Louisiana and the wider dissemination of the documentation and material culture that survives in Louisiana. In response to that meeting, The Historic New Orleans Collection has developed three assets for researchers: an online Guide to Louisiana Resources in Spanish Archives, a Colonial Louisiana Bibliography Database, and a Virtual Archive of Spanish Louisiana Land Surveys. These surveys are scattered in institutions across the United States, and the virtual archive unites them in one place for the benefit of the scholarly community. Concurrently, we also quickly realized that an exhibition would be a critical element of any such effort to promote Louisiana's Spanish heritage.

Upon my return to New Orleans, the ideas discussed in Madrid were enthusiastically endorsed by then-President/CEO of The Historic New Orleans Collection Priscilla Lawrence

La historia de esta exhibición empieza en la oficina de Severiano Hernández Vicente, de los Archivos Estatales de España. Nuestra discusión se enfocó en la promoción del legado español en Luisiana y la mayor difusión de la documentación y la cultura material que perdura en Luisiana. Como respuesta a este encuentro, el Historic New Orleans Collection ha desarrollado tres recursos para investigadores: una Guía Virtual de Recursos de Luisiana en los Archivos Españoles, una Base de Datos de la Bibliografía de la Luisiana colonial, y un Archivo Virtual de Agrimensura de la Luisiana española. Estos registros se encuentran dispersos en instituciones por todo Estados Unidos, y el archivo virtual las agrupa en un solo lugar para el beneficio de la comunidad académica. Paralelamente, entendimos rápidamente que una exhibición sería un elemento fundamental para cualquier intento de promover el legado español de Luisiana.

A mi regreso a Nueva Orleans, las ideas discutidas en Madrid fueron respaldadas con entusiasmo por la entonces presidenta-

and then-Director of Museum Programs John Lawrence. Their successors Daniel Hammer and Jason Wiese, respectively, reaffirmed the institution's commitment to the exhibition.

Work began almost immediately. Head Librarian Pamela D. Arceneaux and I examined innumerable exhibition catalogs and documentary sources as we considered how to convey to a diverse audience the importance of Spain to Louisiana. Armed with an extensive list of possibilities, we found it evident that no exhibit could be executed without the assistance of the Archivo General de Indias. Manuel Ravina Martín, Pilar Lazaro de la Escosura, and Falia González Díaz actively made innumerable suggestions. Upon the retirement of these three staff, Esther Cruces Blanco and Manuel Álvarez Casado enthusiastically endorsed the project and continued their predecessors' work.

At the Archivo General de Simancas, Julia Teresa Rodríguez de Diego and Joaquín Pérez Melero quickly and enthusiastically agreed to support the exhibition. The Archivo Historico Nacional, under the leadership of Juan Ramón Romero Fernández-Pacheco and Vicente Requena Riera, assisted us greatly in the location and loan of the plans of the buildings that belonged to the King of Spain in New Orleans.

Military archives are particularly important cartographic resources for the Spanish world. Colonel Francisco Javier Galisteo Cañas, chief director; Second Lieutenant Francisco Javier Gracia Berganciano; and Coronel Emilio José Cortés Narváez of the Archivo cartográfico and of the Estudios Geográficos of El Centro Geográfico del Ejército de Tierra provided invaluable suggestions and

directora ejecutiva del Historic New Orleans Collection Priscilla Lawrence y el entonces director de los programas del museo John Lawrence. Sus sucesores, Daniel Hammer y Jason Wiese, respectivamente, ratificaron el compromiso de la institución con la exhibición.

El trabajo empezó casi de inmediato. La bibliotecaria Pamela D. Arcenaux y yo examinamos innumerables catálogos de exhibición y fuentes documentales mientras considerábamos como transmitir a un público muy variado la importancia de España a Luisiana. Ya con una lista extensa de posibilidades, se nos hizo evidente que ninguna exhibición podría realizarse sin el apoyo del Archivo General de Indias. Manuel Ravina Martín, Pilar Lázaro de la Escosura y Falia González Díaz propusieron constantemente innumerables sugerencias. Tras la jubilación de estas personas, Esther Cruces Blanco y Manuel Álvarez Casado respaldaron con entusiasmo el proyecto y continuaron el trabajo de sus antecesores.

En el Archivo General de Simancas, Julia Teresa Rodríguez de Diego y Joaquín Pérez Melero acordaron con rapidez y entusiasmo apoyar la exhibición. El Archivo Histórico Nacional, bajo la dirección de Juan Ramón Romero Fernández-Pacheco y Vicente Requena Riera, nos ayudó considerablemente en la ubicación y préstamo de los planos de los inmuebles que pertenecían al Rey de España en Nueva Orleans.

Los archivos militares son recursos cartográficos particularmente importantes para el mundo español. El subteniente Francisco Javier Gracia Berganciano del Archivo Cartográfico y de los Estudios Geográficos del CEGET brindaron sugerencias y apoyo

assistance concerning maps that demonstrate the role of Louisiana in the Spanish world. Colonel Gonzalo Jayme Bravo of the Archivo General Militar de Madrid generously shared his knowledge and offered precious plans demonstrating the construction of forts on the Mississippi River. At the Instituto de Historia y Cultura Naval [IHCN], Vice Admiral Marcial Gamboa Pérez-Pardo, Director, Almirante Juan Rodríguez Garat, Capitán de navío don Juan Castañeda Muñoz, Secretario, provided numerous suggestions from the extensive holdings of the institution. Among the staff of the Museo Naval, a dependency of IHCN, José María Moreno Martín, Técnico, and Cabo Primero de Infantería de Marina José Luis Padilla Vacas, assisted us with loan requests. Pilar del Campo Hernán, Directora Técnica de Archivos Históricos de la Armada, generously shared her exceptional knowledge of Spanish naval history and resources.

The Biblioteca Nacional de España, under the direction of Ana Santos Aramburo, along with initially Rosa Mª Seisdedos González and later Carmen Rodriguez de Tembleque Chaguaceda, assisted us in securing the requested loans, including the important Pacto de Familia between the French and Spanish Bourbons of 1761. María Luisa Cano Cobo and her predecessor Sr. Juan Antonio Merchán Maroto allowed us access to the remarkable collections of IES El Greco, Toledo, where Marisa de la Cruz Mera assisted us in realizing the loan of prehistoric artifacts gathered in Louisiana. Andrés Carretero Pérez and Mónica P. Martín Díaz assisted with the loan of the Museo Arqueológico Nacional's prized "Fleur de France." The Real Academia de Bellas

invaluables. El Cnel. Francisco Javier Galisteo Cañas y el Cnel. Emilio José Cortés Narváez nos ayudaron pacientemente a explorar varios mapas que demuestran el papel de Luisiana en el mundo español. El Cnel. D. Gonzalo Jayme Bravo del Archivo General Militar de Madrid compartió generosamente su conocimiento y ofreció planos valiosos que demuestran la construcción de fuertes en el río Misisipi. En el Museo Naval, el vicealmirante Marcial Gamboa Pérez-Pardo, el almirante Juan Rodríguez Garat y José María Moreno Martín brindaron numerosas sugerencias sobre las posesiones de la institución. El cabo 1º IM José Luis Padilla Vacas del Archivo Museo Naval y CN don Juan Castañeda Muñoz (del Instituto de Historia y Cultura Naval) trabajaron para asegurar que las peticiones para los préstamos fuesen otorgadas. Pilar del Campo del Museo Naval de Madrid compartió generosamente su conocimiento extraordinario sobre la historia y los recursos navales de España.

La Biblioteca Nacional de España, bajo la dirección de Ana Santos Aramburo, inicialmente junto con Rosa Mª Seisdedos González y después con Carmen Rodríguez de Tembleque Chaguaceda, nos ayudó a obtener los préstamos solicitados, incluso el importante Pacto de Familia entre los Borbones franceses y los españoles de 1761. María Luisa Cano Cobo y su antecesor Sr. Juan Antonio Merchán Maroto nos permitieron el acceso a las notables colecciones del IES El Greco de Toledo, donde Marisa de la Cruz Mera nos ayudó a concretar el préstamo de artefactos prehistóricos recolectados en Luisiana. Andrés Carretero Pérez y Mónica P. Martín Díaz ayudaron con el préstamo del Museo Arqueológico Nacional de su apreciado

Artes de San Fernando loaned several critical paintings under the guidance of D. José María Luzón Nogué and Laura Fernández Bastos. At the Biblioteca Universitaria, Universidad de Sevilla, Rosario Gil García, Julia Mensaque Urbano, and Eduardo Peñalver Gomez assisted us with the selection of several volumes from the library of Louisiana's first Spanish governor and scientist, Antonio de Ulloa.

In Mexico, Dr. Salvador Rueda Smithers and Erandi Rubio Huertas of the Museo Nacional de Historia/Castillo de Chapultepec, as well as Josimar Fuentes Zuno and Itzia Villicaña Gerónimo of the National Institute of Anthropology and History, assisted us in securing the loan of the portrait of Bernardo de Galvez as Viceroy of Nueva Espana.

Neil Safier, expert on Antonio de Ulloa and director of the John Carter Brown Library, quickly agreed to lend maps illustrating the relation between New Orleans and the Caribbean from a collection spanning more than three centuries of history in the Americas. His successor, Karin Wulf, reaffirmed the library's commitment to the exhibition. Matthew Nutzen and Deborah Straussman of the New York Public Library helped to ensure that Julien Poydras's poetic praises of Bernardo de Gálvez were included. From the Missouri Historical Society, Dr. Frances Levine, Beth Caffery Carter, and Amanda Cooper agreed to lend to the exhibition a drawing of a Mississippi River galleon from the final years of the Spanish period.

The Archdiocese of New Orleans holds a host of important Spanish documents and artifacts. Kimberly Johnson continued the enthusiastic response of her predecessor Emilie

Fleur de France. La Real Academia de Bellas Artes de San Fernando prestó varias pinturas fundamentales bajo la tutela de D. José María Luzón Nogué y Laura Fernández Bastos. En la Biblioteca Universitaria de la Universidad de Sevilla, Rosario Gil García, Julia Mensaque Urbano y Eduardo Peñalver Gómez nos ayudaron con la elección de varios volúmenes de la biblioteca del científico y primer gobernador español de Luisiana, Antonio de Ulloa.

En México, el Dr. Salvador Rueda Smithers y Erandi Rubio Huertas del Museo Nacional de Historia "Castillo de Chapultepec", al igual que Josimar Fuentes Zuno y Itzia Villicaña Gerónimo del Instituto Nacional de Antropología e Historia, nos ayudaron a obtener el préstamo del retrato de Bernardo de Gálvez como Virrey de Nueva España.

Neil Safier, experto en Antonio de Ulloa y director de la John Carter Brown Library, accedió rápidamente a prestar mapas que ilustraran la relación entre Nueva Orleans y el Caribe de una colección que abarca más de tres siglos de historia en las Américas. Su sucesor, Karin Wulf, confirmó el compromiso del bibliotecario para la exhibición. Matthew Nutzen y Deborah Straussman de la New York Public Library ayudaron a asegurar que los elogios de Julien Poydras para Bernardo Gálvez sean incluidos. De la Missouri Historical Society, el Dr. Frances Levine, Beth Caffery Carter y Amanda Cooper acordaron prestar a la exhibición un dibujo de un galeón de los últimos años del período español.

La Archdiocese of New Orleans guarda un gran número de documentos importantes y artefactos españoles. Kimberly Johnson continuó con la respuesta entusiasta de su antecesor Emilie Gagnet Leumas. En el Catholic

Gagnet Leumas. At the Catholic Cultural Heritage Center, the Very Rev. Philip G. Landry worked with his colleagues in the Archdiocesan archives to ensure that rarely seen items were available for inclusion, including the crozier of the first bishop of Louisiana and the Floridas, as the archdiocese was originally known. The Louisiana State Museum boasts a treasure trove of Spanish Louisiana documents that touch upon nearly every aspect of daily life. Tom Strider, Greg Lambousy, Sarah-Elizabeth Gundlach Lambousy, and Steven Maklansky worked to share these treasures with The Collection. The Hon. Chelsey Richard Napoleon and Janine Smith, of the New Orleans Notarial Archives, ensured the loan of several key documents illustrating the impact of Spanish law on Louisiana. Christina Bryant of the New Orleans Public Library, the official repository of city records, made available the first acts of the Spanish Cabildo and architectural drawings for renovations of the Spanish jail. The Ursuline Convent of New Orleans Archives & Museum / National Votive Shrine of Our Lady of Prompt Succor holds some of the most precious examples of Spanish material culture surviving in Louisiana, ranging from a longcase clock to Spanish religious vestments and statues. The late Sr. Rosemary Meiman and Mary Lee Berner Harris's immediate and enthusiastic response for loans upheld the Ursuline tradition of service to the community.

Two private lenders, Dr. Martin D. Claiborne and Dr. Wayne Stromeyer, complete the list of lenders. Dr. Claiborne, descendent of William C. C. Claiborne, agreed to lend the family's portrait of Martin Duralde, and Dr. Stromeyer provided expertise on Spanish Louisiana furniture and loaned a Campeche chair.

Cultural Heritage Center, el Reverendísimo Philip G. Landry trabajó con sus colegas en los archivos de la arquidiócesis para asegurar que artículos poco vistos estuviesen disponibles para ser incluidos, incluso el cayado del primer obispo de Luisiana y las Floridas, como fue conocida la arquidiócesis originalmente. El Louisiana State Museum ostenta una colección valiosa de documentos de la Luisiana española que mencionan prácticamente cada aspecto de la vida cotidiana. Tom Strider, Greg Lambousy, Sarah-Elizabeth Gundlach Lambousy y Steven Maklansky trabajaron para compartir estos tesoros con The Collection. La Honorable Chelsey Richard Napoleon y Janine Smith, del New Orleans Notarial Archives, aseguraron el préstamo de varios documentos claves que ilustran el impacto de la ley española en Luisiana. Christina Bryant de la New Orleans Public Library (el repositorio oficial de los registros de la ciudad) facilitó los primeros estatutos del cabildo español y dibujos arquitectónicos para la renovación de la cárcel española. El Ursuline Convent of New Orleans Archives & Museum / National Votive Shrine of Our Lady of Prompt Succor guarda algunos de los ejemplos más valiosos de la cultura material española que aún perduran en Luisiana, desde un reloj de pie hasta vestiduras religiosas y estatuas españolas. La respuesta inmediata y entusiasta de la difunta Hermana Rosemary Meiman y de Mary Lee Berner Harris para los préstamos dan fe de la tradición ursulina del servicio a la comunidad.

Dos prestadores privados, Dr. Martin D. Claiborne y Dr. Wayne Stromeyer, completan la lista de prestadores. El Dr. Claiborne, descendiente de William C. C. Claiborne, acordó

A group of scholars assisted in the selection and identification of items for inclusion. Judge Morris Arnold assisted in the clarification of the Quapaw treaty and items relating to Arkansas. Alexander Cors, then a Woest fellow at The Historic New Orleans Collection, and Dr. Light T. Cummins reviewed the final selection of items for inclusion. Dr. Guadalupe Fernández Morente and Esther Gonzalez assisted with the location of particularly difficult items in Spain. Dr. D. Ryan Gray of the University of New Orleans recommended archaeological artifacts relative to the fire of 1788. Dr. Greg Nutter identified the longcase clock of the Ursuline Convent. Maria Molina Alvarez de Toledo, of the Cultural Office of the Spanish Embassy in Washington, DC, was an early supporter of the exhibition. Her successor Miguel Albero also proved to be a strong ally as the exhibition became a reality. Pablo Alvarez of Acción Cultural Española consistently lobbied Spanish authorities on behalf of the exhibition, as did former Spanish Consul General to Houston Enric Panés.

I am very grateful to Richard Campanella, Light T. Cummins, and Dr. Wayne Stromeyer for their valuable contributions to this catalog.

A sincere vote of thanks is due to all of the above-mentioned institutions and individuals for their steadfast commitment throughout the numerous challenges in the creation of such an exhibit, but especially true due to the worldwide effects of COVID-19.

— *Alfred E. Lemmon*

prestar el retrato familiar de Martin Duralde, y el Dr. Stromeyer brindó su pericia sobre los muebles de la Luisiana española y prestó una silla campeche.

Un grupo de académicos ayudó en la selección e identificación de artículos para ser incluidos. El Juez Morris Arnold ayudó en la aclaración del tratado de Quapaw y de artículos relacionados con Arkansas. Alexander Cors, entonces un becario Woest en el The Historic New Orleans Collection, y el Dr. Light T. Cummins revisaron la selección final de artículos para ser incluidos. El Dr. Guadalupe Fernández Morente y Esther González ayudaron con la ubicación de artículos particularmente difíciles en España. El Dr. D. Ryan Gray de la University of New Orleans recomendó artefactos arqueológicos relacionados al incendio del 1788. El Dr. Greg Nutter identificó el reloj de pie del convento ursulino. María Molina Álvarez de Toledo, de la Oficina de Cultura de la Embajada de España en Estados Unidos, fue una de las primeras partidarias de la exhibición. Su sucesor Miguel Albero también demostró ser un fuerte aliado a medida que la exhibición se hacía realidad. Pablo Álvarez de Acción Cultural Española cabildeó constantemente a las autoridades españolas en nombre de la exhibición, al igual que ex Cónsul General de España en Houston Enric Panés.

Es necesario ofrecer unas palabras de agradecimiento a todas las instituciones y personas mencionadas previamente por su firme compromiso a través de los numerosos desafíos en la creación de una exhibición de este tipo, y más aún dados los efectos mundiales de la COVID-19.

— *Alfred E. Lemmon*

The author is grateful to Alfred Lemmon for his ongoing guidance and support and for his introduction to the scholars, researchers, and museum officials of Spain. Guadalupe Fernández and Esther Gonzáles of the Fundación Nao Victoria in Sevilla performed excellent background research on Spanish furniture and identified the key regions for further investigation and acquisitions. Robert Smith of Au Vieux Paris Antiques shared his refined expertise in Louisiana and French antiques and introduced us to specialists in antique French provincial furniture in Provence. French pieces from his extensive collection were loaned for study and exhibition. Jean-Jacques Bourgeois, author of L'Age d'Or du Siège Paillé, and Eric Pain, antiquarian and specialist in French antiques, shared their expertise about stylistic similarities and differences between French and Spanish chairs. Clara Berastegui of Museo del Traje in Madrid supported our study of its wonderful collection of Spanish beds. Ana Marquez, our trilingual friend and antique scholar, supported our work tirelessly with

Nos gustaría dar las gracias a Alfred Lemmon por su incesante apoyo y orientación, así como por presentarnos a expertos, investigadores y responsables de los museos de España. A Guadalupe Fernández y Esther Gonzáles, de la Fundación Nao Victoria de Sevilla, por su maravillosa investigación preliminar sobre los muebles españoles y la identificación de las regiones clave para futuras investigaciones y adquisiciones. A Robert Smith, anticuario de Au Vieux Paris Antiques, por compartir su primoroso conocimiento de antigüedades de Francia y Luisiana y presentarnos a expertos en muebles antiguos de la Francia provincial de la Provenza. Además, nos ofreció piezas francesas de su vasta colección para su estudio y exposición. A Jean-Jacques Bourgeois, autor de L'Age d'Or du Siège Paillé, y a Eric Pain, anticuario y experto en antigüedades francesas, por compartir sus conocimientos sobre las similitudes y diferencias estilísticas de las sillas francesas y españolas. A Clara Berastegui del Museo del Traje de Madrid por apoyar nuestro estudio sobre su maravillosa colección de camas

continued research, translations, cultural interpretations, and scheduling. John DiLeo, a physician, scientist, and dedicated photographer, traveled with us and captured the essence of the Spanish style with his images. Don Fuson, noted collector of Louisiana art and antiques, shared his beautiful Mexican chair for this exhibition. Babeth Schlagel of the Friends of Magnolia Mound graciously shared an important Creole chair for our comparative studies and exposition. The support and expertise of Priscilla and John Lawrence, Lydia Blackmore, Siobhán McKiernan, and Daniel Hammer of THNOC were essential for this project and most appreciated. The late Pat Bacot took special interest in this project and generously extended his help throughout it. We will always remember his generosity, scholarship, and friendship.

— *F. Wayne Stromeyer, MD*

españolas. A Ana Marquez, nuestra amiga trilingüe y experta en antigüedades, por apoyar nuestro trabajo de forma incansable con sus continuas investigaciones, traducciones, interpretaciones culturales y organización. A John DiLeo, médico, científico y fotógrafo entregado, que viajó con nosotros y capturó la esencia del estilo español en sus imágenes. A Don Fuson, distinguido coleccionista de arte y antigüedades de Luisiana, por compartir con nosotros su preciosa silla mexicana para esta exposición. A Babeth Schlagel, del museo Friends of Magnolia Mound, que amablemente ha compartido con nosotros una silla criolla de suma importancia para nuestros estudios comparativos y la exposición. A Priscilla y John Lawrence, Lydia Blackmore, Siobhán McKiernan y Daniel Hammer de THNOC, por su apoyo y conocimientos que han sido de vital importancia para llevar a cabo este proyecto. Al ya fallecido Pat Bacot, quien mostró un especial interés por este proyecto y nos prestó generosamente su ayuda para el mismo. Siempre recordaremos su generosidad, saber y amistad.

— *Dr. F. Wayne Stromeyer*

The Historic New Orleans Collection

MUSEUM • RESEARCH CENTER • PUBLISHER

## *Board of Directors*



## *President and CEO*

# Sponsors
# Patrocinadores

The Historic New Orleans Collection gratefully acknowledges the sponsors who supported the publication of this exhibition catalog.

La Historic New Orleans Collection econoce con gratitud a los patrocinadores que apoyaron la publicación de este catálogo de exhibición.

## 2022 Bienville Circle

BCM

Baptist Community Ministries

Louise H. Moffett Family Foundation

with the support of /
con el apoyo de

SPAIN arts & culture

**Color drawing of the festivities celebrated by Felipe Bartolomé Ramírez Hernández de la Mota, chief of the Villa of San Miguel el Grande, Mexico, on the occasion of the proclamation of Don Carlos IV**
1799; ink and illuminated gouache on paper
*courtesy of España. Ministerio de Cultura y Deporte. Archivo General de Indias, MP-Mexico, 434*

**Dibujos en colores, de los festejos celebrados por D. Felipe Bartolomé Ramírez Hernández de la Mota, cacique de la villa de San Miguel el Grande, con motivo de la proclamacion de Don Carlos IV**
1799; tinta e iluminado a la aguada sobre papel
*cortesía de España. Ministerio de Cultura y Deporte. Archivo General de Indias, MP-Mexico, 434*